Dra. Tina Floyd

GUÍA PARA TOMAR DECISIONES EN EL MUNDO DE HOY

VIDA BALANCEADA

REFLEXIONES PARA LA VIDA CRISTIANA

GUÍA PARA TOMAR DECISIONES EN EL MUNDO DE HOY
Vida Balanceada
Reflexiones para la vida cristiana
Dra. Tina Floyd

1.ª edición
ISBN 979-8-9992100-1-2

Edición y diseño: Gisela Sawin Group
Impreso en los Estados Unidos de América
Photography Borisara

CONTENIDO

INTRODUCCIÓN

En medio del ritmo acelerado del mundo moderno, la vida cristiana puede parecer un desafío diario. Estamos constantemente tomando decisiones: algunas pequeñas, otras determinantes. Pero todas, de una forma u otra, nos moldean, nos forman y nos acercan —o nos alejan— del propósito de Dios para nosotros.

Este libro nace como una brújula espiritual para los tiempos presentes. *Guía para tomar decisiones en el mundo de hoy* no es, simplemente, una colección de pensamientos piadosos; es una invitación a detenernos, a reflexionar y a alinear cada área de nuestra vida con la voluntad de Dios. Aquí encontrarás enseñanzas prácticas, principios eternos y temas que confrontan y transforman: decisiones, oración, intimidad con Dios, carácter, propósito, y mucho más.

Cada capítulo está diseñado para ayudarte a tomar decisiones sabias desde un corazón lleno de fe. No desde la presión del mundo, sino desde la paz que viene de caminar con Dios. Estas reflexiones te guiarán en lo cotidiano, pero también te empujarán a vivir en un nivel más profundo de compromiso, discernimiento y confianza.

Nuestrodeseoesque,alrecorrerestaspáginas,experimentes equilibrio en tu interior, claridad en tus decisiones y una fe que crece en cada estación de la vida. Porque una vida balanceada no es la que lo tiene todo bajo control, sino aquella que ha aprendido a poner a Dios en el centro de todo.

Bienvenido. Este es tu momento para crecer, decidir con sabiduría y avanzar hacia una vida plena en Cristo.

1

CÓMO MANEJAR EL ENOJO ANTES DE TOMAR UNA DECISIÓN

"Deja la ira, y desecha el enojo; no te excites en manera alguna a hacer lo malo".

— Salmo 37:8

SI ESTÁS ENOJADO, NO DECIDAS NADA. ESPERA LA PAZ, Y SÍGUELA. NO DECIDAS BAJO NINGUNA EMOCIÓN QUE PODRÁ INFLUENCIAR NEGATIVAMENTE TUS DECISIONES Y ALEJARTE DEL PROPÓSITO AL CUAL DIOS TE HA LLAMADO.

Te animo a que puedas pensar: la expresión que tienes en tu rostro, ¿acerca a las personas o las aleja? ¿Qué revela tu rostro? Si es rabia, ira, enojo o furia, debo decirte que estas emociones terminarán por endurecer tu corazón y serás un bastión, una presa fácil para el enemigo. Humanamente, el método carnal para manejar el enojo consiste en darle rienda suelta con rabia o suprimirlo con resentimiento;

sin embargo, ninguna de estas opciones resuelve el problema ni hace que la persona enojada se sienta mejor.

Entonces, ¿cómo hacemos para liberarnos de esta emoción que terminará enfermándonos?

Dios elimina el enojo y nos hace libres. Ya no somos más hijos de la ira: somos hijos de Dios, tal como nos recuerda el salmo 37:8. Así es cómo debemos abandonar toda amargura, enojo, ira, gritería, maledicencia pero, para lograrlo, primero debemos reconocer que estos sentimientos existen, que estamos molestos con nosotros mismos, con los otros, o incluso con Dios. Hacer como que no existen no nos servirá. Si estamos enojados, reconozcámoslo, y luego identifiquemos su origen, dónde nació ese enojo. Veamos algunas preguntas que podrán ayudarte a descubrir su raíz:

¿Quién me hizo enojar?

¿Qué me hizo sentir así?

¿Cuándo empezó mi enojo?

¿He tenido este enojo por mucho tiempo?

¿Cuántas veces al día lo experimento?

Una vez que conozcamos la fuente de ese enojo, podremos comenzar a trabajar para que esta emoción sea cada vez menor. Y, en lugar de enfocarnos en este, podremos hacer foco en todas las bendiciones que Dios nos da. La idea es que nuestra relación con Dios nos posibilite enfrentar ese enojo y transformarlo en algo positivo.

Veamos un ejemplo: hay días en que llegamos a casa sin alcanzar los objetivos que nos habíamos propuesto; entonces, nos frustramos, nos enojamos con nosotros mismos; sin embargo, frente a cualquier problema —o lo que consideramos un problema—: que nuestro hijo vuelque el jugo en la mesa, que no haya traído una buena nota del colegio, etc., cualquier detalle se convertirá en un enojo explosivo. Sin darnos cuenta, nos acostamos enojados, y nos levantamos de la misma forma, creando un ciclo de ira que lastimará nuestro corazón y el de quienes nos rodean, y que solo podrá ser quebrado por la presencia del Espíritu Santo.

Solo si lo dejamos actuar con su gracia, su favor inmerecido, podremos sobrellevar todas las cargas que nos pesan y nos hacen vivir una vida amarga. Solamente reconociendo que tenemos ira, que esta viene de una situación específica, de algo que nos molesta desde hace años, podremos tener la sanidad que el Señor quiere darnos. Solo su amor y el Espíritu de Dios podrá hacer su obra en nosotros si se lo permitimos.

REFLEXIÓN

El enojo es una emoción natural; de todos modos, cuando no lo manejamos adecuadamente, esta nos lleva a la amargura y a la destrucción. Pero Dios nos llama a dejar atrás la ira, el griterío y la malicia y, en su lugar, abrazar la misericordia y el perdón. El enojo no resuelve los problemas: los agrava. Al reconocer nuestras emociones y entregárselas a Dios, encontraremos paz.

El Espíritu Santo transformará nuestro enojo en una oportunidad para mostrar el amor y gracia de Dios en nuestra vida a los demás.

ORACIÓN

Señor, reconozco que a veces dejo que el enojo controle mi corazón. Hoy te pido que me ayudes a manejar mis emociones de acuerdo con tu voluntad. Llena mi corazón con tu paz, y haz que tu amor disipe toda ira o resentimiento. Gracias por tu misericordia, y ayúdame a ser un reflejo de tu perdón hacia los demás. En el nombre de Jesús, amén.

2

MIOPÍA ESPIRITUAL

*"Por tanto, nosotros también, teniendo en derredor
nuestro tan grande nube de testigos, despojémonos de todo
peso y del pecado que nos asedia, y corramos con paciencia
la carrera que tenemos por delante, puestos los ojos en Jesús,
el autor y consumador de la fe, el cual por el gozo puesto
delante de él sufrió la cruz, menospreciando el oprobio,
y se sentó a la diestra del trono de Dios".*
— Hebreos 12:1-2

> CUANDO TOMAMOS DECISIONES, NECESITAMOS
> ASEGURARNOS DE QUE ESTÁN ALINEADAS CON LA
> PERSPECTIVA ETERNA DE DIOS, Y NO CON NUESTROS
> DESEOS O CON LO QUE LOS DEMÁS ESTÁN ESPERANDO
> DE NOSOTROS. EL SEGUIR LA "CORRIENTE DEL MUNDO"
> SOLO HACE QUE NOS DESENFOQUEMOS DEL
> PROPÓSITO QUE CRISTO DISEÑÓ PARA NUESTRA
> VIDA. TEN EN CUENTA QUE, "DONDE ESTÉ TU TESORO,
> ALLÍ TAMBIÉN ESTARÁ TU CORAZÓN"
> (MATEO 6:21).

Seguramente te estarás preguntando de qué se trata este tema... Pues veamos...

La miopía espiritual consiste en sentir que estamos privados de las bendiciones que el Señor nos da y que Él ya no nos escucha. De este modo, empezamos a ver las cosas de una manera desenfocada. Si bien es cierto que las dificultades son parte de la vida, del día a día, y que no podemos recibir todo lo que pedimos, si actuamos insensatamente, podemos perder también las buenas cosas que Dios tiene para nosotros.

Esto es exactamente lo que le sucedió a Esaú. Él venía de una jornada fuerte de caza, de una excursión a fuerza de trabajo duro, hambre y sudor. Entonces, su hermano Jacob le ofreció un plato de sopa a cambio de su primogenitura, y él aceptó el trato. ¡Qué trueque tan necio! Sin embargo, nosotros también podemos, a veces, renunciar a la excelencia y satisfacción de la vida por cosas temporales. Aceptamos el reto de muchas personas de vivir en la carne, y dejamos, así, de vivir bajo el Espíritu, a causa de nuestra "miopía espiritual".

Las personas que actúan de este modo tienen ciertas características:

1. *Toman decisiones sobre la base del día a día.*

2. *No consideran las consecuencias del mañana.*

3. *Tienen ciegos los valores y la esencia de la vida.*

4. *Priorizan más sus apetitos y emociones que la búsqueda incansable del Señor.*

5. *Satisfacen sus necesidades más básicas de manera que ellos sean el centro.*

6. *Sacrifican lo duradero por algo que les da una satisfacción fugaz. Y el centrar su vida en cosas temporales no les permite ver la eternidad.*

7. *Toman decisiones en momentos de debilidad física, emocional o espiritual.*

En algún momento, a todos nos ha sucedido esto, y hemos tomado decisiones inmediatas que no muestran una visión clara. Pero, entonces, te pregunto:

¿No es mejor confiar en la Palabra del Señor, que nos da sensatez y cordura y nos muestra un camino que, aunque es angosto, es más claro y bendecido?

En ocasiones, decidimos por ese camino inconstante, fluctuante, porque tenemos temor de tomar decisiones que sean guiadas por el Espíritu. Por eso, desde el principio, para tomar una decisión correcta, debes detenerte y pedirle al Señor que te dé la tranquilidad para ver las cosas de la manera correcta. No sea que, a la primera circunstancia de hambre, decidas entregarle a cualquier persona lo más preciado (tu familia, tu trabajo o una idea genial que Dios te ha dado); como dice La Biblia, les estarás dando perlas a los cerdos; estarás entregando la bendición que el Señor te ha entregado a ti. Por eso, en esos momentos, no hay que pedir ayuda, sino pedirle al Señor que Él pueda reposar sobre nosotros en esos espacios de ansiedad y desasosiego para encontrar en Él la paz y la guía correcta del Espíritu Santo.

✓ **Recuerda:** *Él siempre va a querer guiarte a la verdad y entregarte el mejor consejo. Así que quédate en silencio, que el Señor está por darte la respuesta.*

REFLEXIÓN

La miopía espiritual nos impide ver más allá de lo inmediato y temporal. Al igual que Esaú, a veces, nosotros también tomamos decisiones que afectan nuestra eternidad para satisfacer deseos pasajeros. La falta de una visión clara de lo que Dios tiene preparado para nosotros nos hace ceder ante tentaciones temporales, y perder lo que realmente importa. Para evitar caer en esta trampa, debemos mantener nuestros ojos fijos en Jesús, el autor y consumador de nuestra fe. Él nos da la visión correcta para ver más allá de los problemas actuales, ayudándonos a entender que lo eterno vale más que lo inmediato. Si buscamos a Dios con una visión clara, su Espíritu nos guiará hacia decisiones sabias, basadas en su voluntad, y no en nuestros impulsos momentáneos.

ORACIÓN

Señor, perdóname por los momentos en que he sido miope espiritual y he tomado decisiones impulsivas sin considerar tus planes para mí. Ayúdame a fijar mi mirada en ti, a buscar lo eterno por encima de lo temporal. Dame sabiduría para tomar decisiones que honren tu propósito en mi vida. En el nombre de Jesús, amén.

3

PUERTAS CERRADAS

"Escribe al ángel de la iglesia en Filadelfia: Esto dice el Santo, el Verdadero, el que tiene la llave de David, el que abre y ninguno cierra, y cierra y ninguno abre".

— Apocalipsis 3:7

LAS PUERTAS CERRADAS EN NUESTRA VIDA PUEDEN SER DOLOROSAS, PERO TIENEN UN PROPÓSITO DIVINO. DIOS NO CIERRA PUERTAS PARA CASTIGARNOS, SINO PARA PROTEGERNOS, REDIRIGIRNOS Y PREPARARNOS PARA ALGO MEJOR. ¿ESTÁS DISPUESTO A SER OBEDIENTE Y NO CRUZAR ESE "NO" QUE DIOS HA DISPUESTO? DIOS PERCIBE LO QUE ESTÁ MÁS ALLÁ DE NUESTRA VISTA, Y SU SABIDURÍA Y SU MOMENTO PERFECTO NUNCA FALLAN.

En ocasiones, Dios cierra puertas. Una oportunidad bloqueada es una herramienta útil de enseñanza de parte de Dios, cuyo objetivo final es moldearnos a la imagen de su Hijo. Por eso, una puerta cerrada nos impide accionar y desempeñarnos de una manera distinta a la que estábamos acostumbrados.

Ahora bien, ¿por qué hay puertas que se cierran?, *para evitar que cometamos errores*. El hecho de que un camino esté claro no significa que sea el que Dios quiere que sigamos; a veces, no tenemos la información que necesitamos para tomar una decisión sabia. Por eso se obstaculiza el camino, ya sea espiritual o físicamente. Pero el Espíritu Santo puede ver la ruta completa de nuestra vida, por lo que debemos seguir su dirección.

Las puertas se cierran para reorientar nuestro andar. Puedes tener la seguridad de que Dios nunca deja a un servidor dispuesto sin nada que hacer; solo que Él tiene en mente otra oportunidad que rendirá más fruto y le dará más satisfacción y gloria. Las puertas cerradas prueban la fe y crean perseverancia y esperanza. Esperar que el Señor actúe o hable es difícil, particularmente cuando nuestro deseo ha sido negado; pero aprenderemos sabiduría, paciencia y confianza al hacer una pausa de verdad en oración, hasta que Él nos revele su voluntad.

Las puertas cerradas nos permiten ganar tiempo, pues no siempre estamos tan preparados como nos gustaría o como esperamos. Entonces, Dios puede mantener la puerta cerrada por un tiempo como una oportunidad para el servicio, hasta que el creyente esté debidamente capacitado para el trabajo en el Reino. El verdadero mensaje aquí es que Dios abre puertas que nadie puede cerrar, y cierra aquellas que nosotros no debemos cruzar. Él ha creado una senda perfecta que debemos seguir. Por todo esto mantén tus pies en esta, adonde el Señor te dirige con su lámpara maravillosa, su Palabra; ponte al servicio de Él y permanece en la voluntad de Él. Enfócate continuamente en Dios lleno de confianza.

La vida de José nos ofrece una ilustración clara de lo que significa mantener los ojos firmes en el Señor y nos ayuda a seguir siendo fieles en medio de las dificultades. Sus hermanos lo odiaban tanto que decidieron venderlo a una caravana que lo llevaría a Egipto. Al llegar allí, se convirtió en el esclavo de Potifar, quien era el capitán de la guardia del Faraón. José manejó la traición y la esclavitud de manera ejemplar: en lugar de amargarse o de negarse a cooperar, decidió realizar todos sus deberes de manera excelente. Como resultado, fue ascendido a mayordomo de la casa de su amo. Durante todo el tiempo, él mantuvo la mirada centrada en el Señor, que lo prosperó y le dio sabiduría.

Mantengámonos enfocados en la fe y evitemos elegir nuestro propio destino. Permitamos que el Señor nos ayude a luchar contra nuestras tentaciones y a elegir una vida de santidad. La mujer de Potifar intentó seducir a José, pero este rechazó sus requerimientos. Como él se negó a pecar contra Dios, ella lo acusó falsamente de abuso, y fue encarcelado injustamente. En su lugar, nosotros nos habríamos quejado, pero José no apartó su atención del Señor, y su vida siguió sostenida en la fe.

En tiempos de dificultad, descubriremos cuánto confiamos en la verdad del Señor, que nos ha elegido a nosotros para que reconozcamos su presencia y prosperemos en nuestro camino.

REFLEXIÓN

Al igual que en la vida de José, cuando todo parecía perdido, Dios tenía un plan perfecto que solo se develó cuando José perseveró en su fe. A veces, las puertas que se cierran nos enseñan a esperar, a confiar y a mantenernos enfocados en el propósito de Dios para nuestra vida.

Aunque nos sintamos frustrados, al ver que ciertas oportunidades no llegan, debemos recordar que Dios tiene un mejor camino trazado para nosotros. Él ve lo que nosotros no podemos ver, y su sabiduría y su tiempo son perfectos. Las puertas cerradas también nos enseñan paciencia y nos preparan para lo que viene. Así como el apóstol Pablo perseveró a pesar de las dificultades, nosotros también debemos confiar en que el Señor nos guiará por el camino correcto, incluso cuando las puertas parezcan cerrarse.

ORACIÓN

Padre Celestial, te doy gracias por tu guía y por tu protección. Confío en que Tú estás cerrando y abriendo puertas en mi vida según tu voluntad perfecta. Ayúdame a aceptar las puertas que cierras y a no perder la esperanza cuando mis planes no se materializan. Te pido que me des paciencia, fe y sabiduría para esperar en ti. Abre las puertas que deben abrirse y cierra las que me apartan de tu propósito. En el nombre de Jesús, amén.

4

EL FRACASO NO ES TU LÍMITE

*"No os conforméis a este siglo, sino transformaos
por medio de la renovación de vuestro entendimiento,
para que comprobéis cuál sea la buena voluntad
de Dios, agradable y perfecta".*
— Romanos 12:2

EL FRACASO PUEDE SER UNA EXPERIENCIA DIFÍCIL,
PERO DEBEMOS RECORDAR QUE NO SOMOS DEFINIDOS
POR NUESTROS FRACASOS, SINO POR LA MANERA EN
QUE DECIDIMOS ENFRENTARLOS.

La manera de enfrentar el fracaso y cualquier circunstancia negativa es ubicarnos en una posición de crecimiento y desarrollo espiritual. Si nos desanimamos fácilmente cuando llega la adversidad, si queremos salir corriendo (en lugar de mantenernos firmes para superar nuestros problemas), debemos entender que, aun en los momentos de fracaso humano, Dios tiene un plan. Y parte de este plan tiene que ver con testificar tu amor y perdón para con otros. Dios puede permitir que experimentemos aflicciones si esto es de provecho para nosotros mismos. Puede ser que no nos evite el sufrimiento, especialmente si sabe que ello estimulará nuestra fe y nos llevará a confiar más en Él. Tampoco nos eliminará nuestras congojas si sabe que, al hacerlo, drenará la dulzura de nuestra comunión con Él. La adversidad nos conecta con el corazón de Dios. Esta es la razón por la que las personas pueden alcanzar sus metas, aun cuando la adversidad se vuelva demasiado fuerte.

Tal es el caso de Thomas Edison. Si se hubiera desanimado con sus investigaciones para aprovechar la electricidad, jamás habría inventado la bombilla eléctrica. Por el contrario, él perseveró y, después de muchos ensayos y de miles de horas en el laboratorio, llegó el día en que levantó el interruptor, y la luz llenó su cuarto. Edison tenía motivación porque había en él pasión por alcanzar un objetivo. Tal vez, recientemente has experimentado una derrota o, simplemente, estás triste. Quisiera que comprendas esto: debemos desafiarnos a no rendirnos, pues Dios tiene un plan y un propósito para nuestras vidas. Dios tiene un plan y un propósito para nuestras vidas. Pablo dijo: *"Todo lo puedo en Cristo que me fortalece"*. (Filipenses 4:13), y lo mismo puedes decir tú. Adopta estas palabras como parte de tu forma de hablar. Date la oportunidad de desarrollar una relación íntima con Dios y que su plan se cumpla en tu vida. Concédete la oportunidad de descubrir las cosas más profundas de Él y sus grandes bendiciones.

Ser apedreado no parece un hecho victorioso. Sin embargo, Pablo logró tener la perspectiva de Dios en cuanto a su situación y reconoció el valor de esta en tiempos de derrota. Nunca sabemos cuán cerca estamos de la victoria. Un período de adversidad no significa que permaneceremos allí toda nuestra vida. Dios ha sembrado en nosotros una semilla de éxito, y cada fracaso nos enseña perseverancia y firmeza. Por eso, debemos aprender de estas experiencias, mantenernos fieles a las promesas de Dios y evitar culpar a otros por nuestros errores o circunstancias difíciles. Si lo hacemos, no solo no vamos a entender la lección, sino que vamos a perder la oportunidad de que Dios nos bendiga con madurez.

Si la adversidad ha tocado la puerta de tu casa, declara que el Señor tiene el poder y la autoridad para quitar eso que tanto duele; pídele que Él te ayude en esa circunstancia a ver lo que te quiere mostrar y a superar esa prueba, donde lo único que quedará será madurez y victoria.

REFLEXIÓN

La Biblia nos enseña que las pruebas, aunque dolorosas, son oportunidades para que Dios forme nuestro carácter y fortalezca nuestra fe. Así como un atleta no se convierte en campeón sin antes haber enfrentado desafíos, nosotros no crecemos en nuestra vida espiritual sin enfrentar dificultades. La clave está en no rendirse, sino en aprender de las caídas y seguir adelante con la confianza de que Dios tiene un plan para nuestra vida. El apóstol Pablo, a pesar de haber sido perseguido, encarcelado y apedreado, nos enseñó a perseverar. Con Cristo podemos superar cualquier obstáculo.

ORACIÓN

Señor, gracias porque, en medio de nuestras caídas, nos ofreces tu mano extendida. Ayúdanos a entender que el fracaso no es el fin, sino una oportunidad para crecer y acercarnos más a ti. Fortalece mi fe y dame la sabiduría para aprender de cada error y de cada desafío. Que mi mirada siempre esté en ti sabiendo que, con tu ayuda, siempre hay un nuevo comienzo. En el nombre de Jesús, amén.

5

VENCIENDO LO QUE
NOS LIMITA: LA TIMIDEZ

"Todo lo puedo en Cristo que me fortalece".
— Filipenses 4:13

¿CUÁNTAS OPORTUNIDADES TE HAS PERDIDO POR
MIEDO A EQUIVOCARTE? ¿Y SI ESA TIMIDEZ TE ESTÁ
ROBANDO ESA VOZ QUE DIOS TE HA DADO PARA
QUE SEAS LUZ EN UN MUNDO QUE NECESITA ESCUCHAR
LA VERDAD? ES TIEMPO DE REFUTAR LAS MENTIRAS
QUE EL ENEMIGO NOS HIZO CREER POR AÑOS E IR POR
LAS PROMESAS QUE DIOS DECRETÓ PARA TU VIDA
Y PARA LA MÍA.

¿Eres una persona tímida? ¿Te cuesta enfrentar situaciones nuevas, relacionarte con personas que se manejan
en otro ámbito distinto al tuyo? La realidad es que todos
experimentamos momentos de timidez en ciertas etapas
de la vida: al comenzar un nuevo trabajo, cuando llegamos a

la iglesia por primera vez, cuando empezamos a vincularnos con personas que no conocemos, etc. Lamentablemente, millones de personas la padecen en todo el mundo, y no hay una solución mágica para eliminar este tipo de conductas que funcione para todos por igual, pero sí es importante vencer la timidez para poder mejorar nuestra vida social y para alcanzar los propósitos de Dios para nuestra vida.

Entonces, ¿qué podemos hacer para superar esta timidez y ser capaces de superar esta emoción que nos limita y muchas veces nos paraliza? Veamos juntos:

- *Ensayar en el espejo.* Este puede ser un primer paso. Sin embargo, también sería bueno que puedas practicar con alguien que ya conoces, para mejorar tu confianza en la comunicación.

- *Tener prácticas conversacionales.* Nunca salir de casa sin una lista de tópicos de conversación. Por ejemplo: aquellas personas que necesitan conseguir un trabajo y saben que deben asistir a una entrevista de trabajo pueden empezar a generar temas de interés general y otros temas que le permitan expresar sus propios puntos de vista.

- *Hablar de lo que sabes.* Algunas veces, frente a la timidez, comenzarán a aparecer ciertos aspectos negativos o síntomas: sudoración de las manos, en las axilas; por ende, es importante que, al conversar, tengas una postura natural y habitual, abordando temas que ya conozcas y, así, puedas sentirte más cómodo.

- *Salir de la rutina.* Una de las maneras posibles también es salirse de uno mismo y poder ayudar a los demás. La timidez, muchas veces, tiende a absorber completamente a quienes la padecen, enfocándose, así, en su propio dolor o en su propia dificultad para vincularse. Sin embargo, el mirar al otro puede ayudarnos a aumentar nuestra autoestima, generarnos confianza para, así, interactuar con otros, y hacerlos sentir especiales. Esto hará que uno pueda sentirse mucho mejor, que la ansiedad disminuya y que nos animemos a entablar nuevos tópicos conversacionales.

- *Explicar y dar a conocer lo que nos pasa.* Un buen consejo es poder explicarles a las personas el problema que enfrentas. Poner en palabras lo que te sucede puede generar una empatía en el otro que pueda ayudarte, incluso en este tema. Recuerda que hay dos tipos de tímidos: aquellos que lo evidencian y tiemblan, sudan y se ven incómodos, y aquellos que, simplemente, evitan el contacto ocular (personas demasiado calladas) y pasan desapercibidas. El hecho es que las personas tímidas muchas veces pueden pasar por distantes, arrogantes, creídas, si no se aclara lo que muchas veces los aqueja. De allí la necesidad de poder expresar su dificultad.

- *Recompensarse con pequeños logros.* Cualquier pequeño logro será algo grande para ese cambio que necesitas generar. Ten en cuenta que la timidez no es más que una posición de la cual necesitas empezar a salir poco a poco.

Ten en cuenta que Dios está en todos los detalles de tu vida. Él te ayudará a expresarte y a liberar todas las emociones que hay dentro de ti, para que tu voz sea escuchada, tu propósito sea liberado, ya que eres un hijo de Dios y tu voz necesita ser escuchada en un mundo con tanta necesidad de Jesús. Dios se manifestará a través de ti.

REFLEXIÓN

La timidez es una barrera que puede impedirnos expresar lo que realmente somos y lo que Dios ha puesto en nuestro corazón. A veces, el temor de ser rechazados o juzgados nos mantiene en silencio, pero debemos recordar que Cristo nos da la fortaleza para superar todas nuestras debilidades, incluyendo la timidez. En Él, no necesitamos tener miedo de lo que los demás piensen, porque nuestra identidad está en su amor, y esta es nuestra confianza.

Uno de los consejos más poderosos para vencer la timidez es recordar que no estamos solos. El Espíritu Santo está con nosotros, para darnos valentía en los momentos de debilidad. Si nos apoyamos en su poder, superaremos cualquier obstáculo y caminaremos con la certeza de que somos amados y aceptados por Dios. Al practicar pasos pequeños (como iniciar conversaciones o expresar nuestras ideas), con el tiempo, ganaremos confianza, y la timidez perderá su poder sobre nosotros.

ORACIÓN

Señor, en este momento te entrego mi timidez y mis miedos. Ayúdame a confiar en tu poder y a saber que en Cristo soy más que vencedor. Dame la valentía para hablar con seguridad, para compartir lo que has puesto en mi corazón, y para relacionarme con los demás sin temor. Te doy gracias porque Tú eres mi fortaleza y mi confianza. Amén.

DIOS ESTÁ EN CADA
DETALLE DE TU VIDA. ÉL TE
AYUDARÁ A EXPRESARTE Y
LIBERAR LO QUE GUARDAS
DENTRO, PAR A QUE TU
VOZ SEA ESCUCHADA Y TU
PROPÓSITO SE CUMPLA.
ERES HIJO DE DIOS, Y EN
UN MUNDO CON TANTA
NECESIDAD DE JESÚS,
TU VOZ DEBE RESONAR.

6

CÓMO MANEJAR LA CRÍTICA

"El que tiene en poco la disciplina menosprecia su alma;
mas el que escucha la corrección tiene entendimiento".
— Proverbios 15:32

HAY VOCES QUE SOLO BUSCAN HACERNOS PEQUEÑOS,
HACERNOS DUDAR DE LO QUE VALEMOS. POR ESO,
NO LAS ESCUCHES. SI ALGO NO APORTA LUZ A TU VIDA,
SI SOLO SIEMBRA DOLOR EN TU CORAZÓN, ¡NO MERECE
QUEDARSE! TÚ DECIDES QUÉ OCUPA ESPACIO EN TU
MENTE. LAS CRÍTICAS SON INEVITABLES; NO REFLEJAN
NUESTRO VALOR, SINO QUE, SIMPLEMENTE, SON
OPINIONES AJENAS QUE NO DEFINEN TU ESENCIA.
¿SABES QUIÉN SÍ LA CONOCE?, DIOS. Y ÉL YA
TE DIJO LO QUE VALES: "TODO".

¿Piensas que hay algún tema en tu vida que no tiene solución? ¿Eres de las personas que no aceptan las críticas? ¿Sientes que no puedes manejarlas y te desbordan? Ahora bien, te pregunto y me pregunto: "¿A quién le gusta ser criticado?". Mucho se habla de la crítica constructiva, pero la crítica es crítica.

Te invito a pensar: ¿cómo reaccionaste ante la última crítica que te hicieron? ¿Cuál fue tu respuesta? ¿Actuaste en represalia o consideraste la oración en silencio como la mejor forma de responder conforme al ejemplo de Cristo? Sé que no es fácil responder amablemente pero, si no lo hacemos, las frustraciones no resueltas terminarán convirtiéndose en raíces de amargura, así como lo expresa Hebreos 12:15: *"Mirad bien, no sea que alguno deje de alcanzar la gracia de Dios; que brotando alguna raíz de amargura, os estorbe, y por ella muchos sean contaminados"*.

El Señor quiere que veamos las situaciones de la vida con sus ojos y podamos resolverlas adecuadamente. Nadie cuestiona aquí si es fácil o no. Simplemente, debemos poner en práctica la Palabra, permitiendo que esta desarrolle todas esas habilidades que Dios dispuso para nuestro bien, a fin de que no seamos contaminados.

La crítica es parte inevitable de la vida. El libro de Proverbios nos urge a recibir la crítica y a procesarla correctamente: *"El que tiene en poco la disciplina menosprecia su alma; mas el que escucha la corrección tiene entendimiento"* (Proverbios 15:32). Ahora bien, ¿qué significa este pasaje? A veces, las personas te lanzan comentarios hirientes, duros, y te amargas, pero entonces tienes que ser sabio y ver si en esas palabras hay determinadas conductas que necesitas cambiar para ser mejor. ¿Vienen de alguien que te ama? En esas situaciones, es nuestra obligación traer esas recomendaciones delante del Señor y pedirle sabiduría. La Palabra nos mostrará si dichas palabras tienen fundamento para nosotros.

No todas las críticas son iguales; sin embargo, cuando las recibas —en cualquier área de tu vida—, responde con amor y descansa en la sabiduría de Dios. Cuando decides seguir el plan que Él tiene para ti, puedes estar seguro de que te mantendrás en el centro de su voluntad. Él protegerá tu corazón y el de la persona que está lanzándote la crítica (positiva o negativa), para que pueda haber un entendimiento.

A veces la gente critica por envidia, porque son enviados por el enemigo para perturbarte. Hoy sabes que, de cualquier manera, el Señor está permitiendo que puedas tener una vida balanceada y aprendas a responder como Cristo lo haría frente a cualquier tipo de agravio. Y no te preocupes... ¡Él es tu máximo defensor!

REFLEXIÓN

La crítica, aunque a veces dolorosa, puede ser una herramienta utilizada en pos de nuestro crecimiento si la recibimos con un corazón humilde. La sabiduría de la Biblia nos enseña a no tomar la crítica como un ataque personal, sino como una oportunidad para mejorar. Cada palabra de corrección puede ser usada por Dios, para hacernos más como Él. Por eso necesitamos no responder impulsivamente ni con enojo, sino buscando la sabiduría de Dios, para discernir la verdad en cada crítica que recibimos.

ORACIÓN

Señor, ayúdame a manejar las críticas con humildad y sabiduría. Dame la capacidad de escuchar con un corazón dispuesto a aprender y mejorar. Perdóname si alguna vez respondí con enojo o con amargura. Te pido que me transformes para que, a través de las críticas, pueda crecer más cerca de ti y ser más como Cristo. En el nombre de Jesús, amén.

7

EL CHISME: "¡NO TE IMAGINAS LO QUE TENGO PARA CONTARTE!"

"Pon guarda, oh, Jehová, a mi boca; guarda la puerta de mis labios".

— Salmo 141:3

¿CUÁNTAS HERIDAS HAS PROVOCADO O HAS RECIBIDO POR PALABRAS MENTIROSAS QUE NUNCA DEBIERON HABERSE DICHO? EL CHISME NUNCA ES LA MEJOR FORMA DE DAR A CONOCER ALGO. SÓCRATES NOS DEJÓ EN SU LEGADO TRES FILTROS POR DONDE DEBERÍA PASAR UN MENSAJE ANTES DE HABLARLO Y AUN DE ESCUCHARLO: "¿ESTÁS ABSOLUTAMENTE SEGURO DE QUE LO QUE VAS A DECIRME ES VERDAD?" (LA VERDAD); "¿LO QUE VAS A DECIRME ES BUENO O NO?" (LA BONDAD); "¿ME VA A SERVIR DE ALGO LO QUE TIENES QUE DECIRME?" (LA UTILIDAD). ¿LOS HAS USADO ANTES DE DECIDIR SI IBAS A PRESTARTE A ESCUCHAR UN CHISME? PARA PENSAR...

"¿Quieres que te cuente algo? La vecina de al lado se acaba de comprar un auto, pero no creo que lo haya comprado con lo que gana, porque me dijeron que gana muy poco. Seguramente,

lo compró con algún descuento o vaya uno a saber cómo lo adquirió...".

Somos tan chismosos... murmuramos, hablamos acerca de personas sin saber lo que decimos; revelamos cosas secretas de alguien que no nos incumbe. Lo único que muestran todas estas conductas es una naturaleza pecaminosa que está gobernando tu vida.

Somos cristianos: no debemos estar chismoseando. Es así de sencillo. Ahora bien, si un cristiano chismoso no confronta su pecado, se estancará y no llegará a ser esa persona que Dios desea que sea. La confesión al Señor es el primer paso para ponerle fin al chisme. Pero luego necesitas arrepentirte y rechazar todas estas prácticas, que no te llevan a la santidad.

La promesa de rechazar todas las oportunidades de hablar mal de alguien debe ser algo que nos represente como bandera en la vida diaria. Un versículo útil para quien ha renunciado al chisme, ciertamente, es el Salmo 141:3: *"Pon guarda a mi boca, oh Jehová; guarda la puerta de mis labios"*. Como segundo punto importante para dejar el chisme, es esencial estar alerta para evitar caer en la tentación de chismear. Necesitamos alejarnos de las personas que profesan habladurías todo el tiempo, para así poder tener pensamientos y palabras que agraden al Señor. Rodearnos de personas que riegan rumores nos tienta a ser parte de estos.
Si tú estás involucrado en un chisme, trata de no condenar a nadie; permanecer callado es lo más dañino que puedes

hacer. Interrumpe estas prácticas y márchate de allí. Según sea lo que se hable, puedes decir: "Yo no seré parte de esta conversación; no hablaré mal de..."; "No voy a emitir comentarios negativos sobre mi jefe, voy a investigar lo que sucedió", y te retiras.

No seamos cobardes; debemos fomentar el hábito de ayudar a los demás. Desafiemos nuestra mente para reemplazar esta práctica, lo que con certeza le agradará a Dios. Él estará contento cuando tú detengas un comentario malicioso y no permitas que se dañe el valor de una persona que no esté presente. La vida nos enseña a alejarnos y a confrontarnos mutuamente, y la oración es una buena manera de obedecer a ese mandato cristiano.

> **El chismoso deshonra el nombre de Jesús y el suyo propio**.

En lugar de usar palabras que desacreditan, toma la decisión de no hablar mal de nadie. Recuerda que Dios odia el chisme y, por ende, no le agradan conversaciones frívolas ni palabras malintencionadas. Lamentablemente, el chisme es tan común que incluso algunos creyentes lo practican y lo justifican, pero los rumores no deben tener lugar en la vida de un cristiano.

La carta a los Romanos, capítulo 1, contiene una lista de los pecados que hay en La Biblia. El apóstol Pablo les recuerda a los creyentes que Dios se ha revelado a toda la humanidad y que, a quienes lo rechazaron para ir tras los ídolos, *"Él los entregó a la inmundicia, [...] ya que cambiaron la verdad de Dios por la mentira, honrando y dando culto a las criaturas antes que al Creador, el cual es bendito por los siglos"* (Romanos 1:24-25). Dios detesta el chisme; este destruye vidas —sin importar si es cierto o falso—. Ser un chismoso te hará perder el respeto de quienes te rodean, y no solo eso: también puedes perder un empleo, un matrimonio, y ser amonestado por Dios. El chisme no le hace bien a nadie; por eso utilicemos nuestras palabras para consolar, alertar, edificarnos y amarnos unos a otros.

REFLEXIÓN

El chisme es una de las trampas más comunes en las que caemos y, a menudo, no somos conscientes de cuán destructivo puede ser. A veces lo vemos como algo trivial, pero las palabras tienen poder. Cuando hablamos mal de otros, incluso sin intención de dañar, estamos violando principios fundamentales de amor y respeto. El chisme no solo afecta a la persona de la que hablamos, sino que también corrompe nuestra relación con Dios. El Señor nos llama a tener control sobre nuestra lengua y a no participar en conversaciones que siembren discordia. Cuando nos apartamos del chisme, nos apartamos de la tentación de destruir reputaciones y comenzamos a cultivar palabras que edifican. Reemplazar el chisme con oración y edificación es un acto de obediencia a Dios.

ORACIÓN

Señor, hoy te pido que guardes mi boca y que mi corazón se llene de amor y respeto por los demás. Ayúdame a ser sabio y a reconocer cuando las palabras que quiero decir no edifican ni glorifican tu nombre. Permíteme usar mis palabras para sanar, y no para herir. Dame fortaleza para apartarme de la maledicencia y ser un reflejo de tu amor en todo lo que hablo. En el nombre de Jesús, amén.

DIOS DESEA QUE
VIVAMOS LIBRES,
Y ESTA LIBERTAD SOLO
SE ENCUENTRA
CUANDO SOLTAMOS EL
PESO DE LA AMARGURA
Y ELEGIMOS
PERDONAR.

8

EL VENENO DEL ALMA: DEJANDO ATRÁS LA AMARGURA

"La amargura, la ira, el enojo, los gritos y los insultos no deben existir entre vosotros, ni toda maldad. Sed más bien bondadosos unos con otros, misericordiosos, perdonándoos unos a otros, como Dios también os perdonó en Cristo".

— Efesios 4:31-32

> LA AMARGURA ES UN SENTIMIENTO TAN DAÑINO QUE NOS NUBLA LA CAPACIDAD DE DECIDIR EN POS DE NUESTRO BIEN Y DEL OTRO: SOLO NOS ENFERMA EL ALMA Y EL CUERPO. POR ESO ELIGE DECIDIR DESDE LA PAZ DE CRISTO, Y NO DESDE EL DOLOR DEL RESENTIMIENTO QUE, TARDE O TEMPRANO, TERMINARÁ PERJUDICÁNDONOS A TODOS.

La palabra "amargura", en su origen griego, en el Nuevo Testamento, es "pikría" (πικρία), y está relacionada con la palabra "pikros" (πικρός), que significa "áspero, agudo o punzante". En hebreo, significa algo pesado; en griego, algo fuerte. Por ende, podemos decir que así es cómo uno se siente cuando alberga este sentimiento: como un peso que se nos clava profundamente hasta el fondo de nuestra alma. Ahora bien, esta no aparece automáticamente; es decir, se convierte en una forma de reaccionar frente a situaciones difíciles o complicadas cuando sentimos que la vida nos golpea una y otra vez. Pero, para el que la siente, no importa si esta fue intencional o no. La persona comienza a ver ofensas donde no las hay, a llevar cuentas mentales, a imaginar traiciones y, sin darnos cuenta, esta se instala como un hábito o como una forma de sentir.

Este sentimiento nace de heridas profundas que no hemos resuelto y, cuando no la enfrentamos, esta puede ocupar un espacio grande en nuestro corazón. Esta raíz de amargura no solo nos afecta a nosotros, sino que también destruye nuestras relaciones. Esta es una de las emociones más destructivas que puede habitar el corazón humano. Aunque muchas veces es alimentada por el dolor, el resentimiento y la ira, la amargura se convierte en una semilla peligrosa que, si no se trata a tiempo, puede envenenar no solo nuestras relaciones, sino también nuestra relación con Dios y nuestra paz interior. Cuando la amargura se instala en el corazón, interrumpe la gracia de Dios en nuestras vidas. La raíz de la amargura puede expandirse y afectar no solo nuestra relación con Dios, sino también nuestras relaciones con los demás. Si no tratamos este veneno espiritual a tiempo, esta podrá bloquear la acción de Dios en nosotros y hacernos más insensibles a su llamado.

Sus compañeros son la autocompasión, el enojo, el resentimiento, el rencor, la venganza, la envidia, la calumnia, los chismes, la paranoia y las maquinaciones. Son sentimientos que alimentan un corazón que se niega a perdonar y que dice: "Él o ella me debe pedir disculpas", "Yo no tengo la culpa". Además, vienen los amigos que nos dicen: "¡Tienes derecho a estar así!" y, entonces, esta herida no terminará de sanar.

El apóstol Pablo nos advierte sobre el peligro de permitir que la amargura se apodere de nuestras vidas. En Efesios 4:31-32, el Señor nos instruye a despojarnos de toda amargura, ira y enojo, y a ser amables y compasivos los unos con los otros, perdonándonos como Dios nos ha perdonado. No obstante, la realidad es que muchas veces no escuchamos esta advertencia y permitimos que la amargura se instale en nuestros corazones, ignorando las terribles consecuencias que puede traer consigo. Es por eso que Filipenses 3:13 nos dice: *"Olvidando lo que queda atrás, me extiendo a lo que está adelante"*. Es momento de pensar que lo que sientes está siendo un tropiezo para tu vida.

Te invito a que juntos podamos ver las consecuencias que trae el albergar esta emoción en nuestro cuerpo:

1. *La amargura nos aleja de Dios* El primer efecto negativo de la amargura es que nos aleja de Dios. Cuando permitimos que el resentimiento y la ira nos gobiernen, nuestra relación con el Señor se verá afectada. La amargura ciega nuestro corazón y nos hace insensibles a

la voz de Dios, lo que dificulta nuestra capacidad para orar, escuchar su Palabra y experimentar su paz.

2. La amargura daña nuestras relaciones

La amargura no solo afecta nuestra relación con Dios, sino también nuestras relaciones humanas. Las personas amargadas tienden a estar a la defensiva; son menos empáticas y más propensas a herir a los demás con palabras y actitudes duras. Un corazón amargado ve a los demás con sospecha y desconfianza, lo que dificulta la reconciliación y la construcción de relaciones saludables. Esta emoción nos priva de la capacidad de perdonar y de ser perdonados. Cuando guardamos rencor en nuestros corazones, nuestras relaciones se vuelven tensas, y nuestras palabras y comportamientos pueden herir a los demás de manera irreparable. La amargura destruye la unidad y la paz en el hogar, en la iglesia y en la sociedad.

3. La amargura causa dolor emocional y físico

La amargura no solo es un problema espiritual y relacional: también tiene un impacto negativo en nuestra salud emocional y física. Las emociones negativas, como la ira, el resentimiento y el dolor no resuelto, afectan nuestro bienestar emocional, aumentando los niveles de estrés y de ansiedad. Esto, a su vez, puede desencadenar problemas de salud física, como dolores de cabeza, problemas digestivos, hipertensión, e incluso enfermedades cardíacas, tal como lo cita Proverbios 17:22: *"El corazón apesadumbrado seca los huesos"*. El estrés constante causado por los pensamientos amargos y por los sentimientos no resueltos terminarán deteriorando nuestra salud física. Además, la amargura aumenta la probabilidad de sufrir depresión, ansiedad, y otros trastornos emocionales. Dejar que la amargura se arraigue en nuestro corazón puede resultar en una vida de constante malestar y sufrimiento.

4. La amargura nos impide experimentar la paz de Dios

Uno de los frutos más preciados de una vida en Cristo es la paz que sobrepasa todo entendimiento (Filipenses 4:7). Sin embargo, la amargura impide que experimentemos esta paz. Vivir en constante lucha interna, cargando con resentimientos y heridas, nos roba la serenidad que solo Dios puede darnos. De esta manera, la paz que Cristo nos ofrece se ve opacada por la amargura, ya que nuestra mente y nuestro corazón están enfocados en el dolor y en la injusticia, en lugar de en la gracia y perdón de Dios.

Cuando permitimos que la amargura se adueñe de nuestra mente, nos resulta difícil experimentar la paz que Cristo nos promete.

5. La amargura afecta nuestro testimonio cristiano

Como cristianos, somos llamados a ser luz en el mundo y a reflejar el amor de Cristo por los demás. Sin embargo, cuando vivimos en amargura, nuestro testimonio se ve opacado. La gente no ve el amor, gracia y perdón de Cristo en nosotros, sino una imagen distorsionada de un cristianismo que no puede perdonar ni vivir en paz. Nuestra amargura puede alejar a otros de Cristo en lugar de atraerlos a Él. *"Por esto os digo que no andéis afanosos por vuestra vida, ni por lo que habéis de comer, ni por lo que habéis de beber... sino buscad primeramente el reino de Dios y su justicia, y todas estas cosas os serán añadidas"* (Mateo 6:31-33).

6. La amargura nos impide vivir en libertad

Una de las consecuencias más dolorosas de la amargura es que nos mantiene atados al pasado. Esta nos impide avanzar y vivir en libertad, dejándonos atrapados en un ciclo de dolor, reviviendo constantemente las ofensas que hemos sufrido, sin permitirle a Dios que sea Él quien nos libere.

Por todo esto, el perdón es la clave para arrancar esta raíz y vivir en libertad. Solo a través del arrepentimiento y de la restauración de nuestra relación con Dios podemos sanar y avanzar. El perdón nos libera de las cadenas de la amargura, y nos permite avanzar en el propósito que Dios tiene para nosotros. Si no perdonamos, nos quedamos atrapados en el pasado, incapaces de disfrutar de las bendiciones presentes y futuras. Al guardar rencor, nos alejamos de los principios del Reino de Dios, y nuestra vida cristiana pierde el impacto que debería tener. El mundo necesita ver el amor y perdón de Dios reflejados en nosotros, no corazones llenos de ira y resentimiento. Dios desea que vivamos libres, y esta libertad solo se encuentra cuando soltamos el peso de la amargura y elegimos perdonar.

REFLEXIÓN

La amargura es un veneno que destruye todo a su paso: nuestras relaciones, nuestra salud y, lo más importante, nuestra paz con Dios. El perdón es el antídoto para la amargura y, solo cuando elegimos perdonar, podemos experimentar la libertad y sanidad que Dios tiene para nosotros. No permitas que la amargura se arraigue en tu corazón. En lugar de eso, ofrece a Dios tus heridas y tu dolor, y permite que Él te guíe hacia la restauración y hacia la paz.

ORACIÓN

Señor, te pido que quites de mi corazón toda raíz de amargura, ira y resentimiento. Perdóname por las veces que he guardado rencor en mi vida y me he alejado de tu paz. Ayúdame a perdonar a aquellos que me han herido, tal como Tú me has perdonado. Señor, quiero vivir en libertad y experimentar la paz que solo Tú puedes darme. Te entrego mis heridas y mi dolor, y te pido que sanes mi corazón. Llénalo de tu amor, tu paz y tu perdón. En el nombre de Jesús, amén.

EL SEÑOR ES TU
AYUDADOR; ÉL ROMPERÁ
TU AISLAMIENTO PARA
LLEVARTE A LA LUZ,
DONDE SUCEDERÁN LAS
COSAS BELLAS QUE HA
PREPARADO PARA TI.

9

QUEBRANDO EL AISLAMIENTO

"Cercano está Jehová a los quebrantados de corazón;
y salva a los contritos de espíritu".
— Salmo 34:18

UNO DE LOS MAYORES FLAGELOS EN LOS DÍAS ACTUALES ES EL AISLAMIENTO. TAL VEZ HOY TE ESTÁS SINTIENDO COMO LO DESCRIBE EL SALMISTA: *"VELO, Y SOY COMO EL PÁJARO SOLITARIO SOBRE EL TEJADO"* (SALMO 102:7). AL AISLARTE, NO PERMITES QUE EL OTRO COMPARTA LA BENDICIÓN QUE DIOS PUSO EN TI. TE INVITO A PENSAR: ¿QUÉ PASARÍA SI HOY COMPARTIERAS AUNQUE SEA UNA PALABRA CON ALGUIEN? ¿CÓMO CAMBIARÍA SU DÍA... Y EL TUYO?

Te sientes así en este tiempo? ¿Has pasado tiempos en los que lo único que querías era estar solo? Has dicho: "Con todo lo que estoy viviendo, lo último que quiero hacer es ir a la iglesia. Mejor me quedo solo en casa". Y no quieres que ningún hermano te visite, no le atiendes el celular a nadie, no respondes un wasap, porque sientes que, estando solo, estás mejor... Sin embargo, la Palabra quiere brindarte ánimo y motivarte a que este aislamiento momentáneo no se transforme en eterno, y que no te lleve a descuidar tu vida espiritual y tu relación con Dios.

Te invito a que puedas tomar un lápiz y un papel, y anotes por qué cosas que te preocupaban hace dos meses le has estado pidiendo al Señor, o por las que aún hoy te perturban. Así, cuando pasen los meses, podrás ver cómo Dios ha estado obrando en cada una de estas. Y junto a cada preocupación declara una Palabra. Los salmos, por ejemplo, son consuelo para nuestra alma y para nuestro espíritu. Los proverbios son palabras llenas de sabiduría de Dios, enriquecidas, que nos animan a tener ánimo y a no temer malas noticias. Sabemos que en los últimos tiempos vendrán pruebas, pero no debemos concentrarnos en los hechos, sino en nuestra relación con Él. A veces pensamos tanto en el porvenir que nos perdemos de lo hermoso del día a día, de la posibilidad que este nos da: alabar al Señor, gozar por un día más de vida, hacer nuevos amigos, gozar con nuestros hijos y con nuestra familia, disfrutar del trabajo que tenemos...

Entonces, ¿cómo hacer para no aislarnos espiritualmente? El mundo atravesó una epidemia de COVID, en la cual todos debimos aislarnos; sin embargo, de Dios nunca debemos aislarnos. Sea cual fuere la situación emocional que estemos pasando, sepamos que, separados de Él, nada podremos hacer y que nada nos podrá separar de su amor.

La Palabra es nuestra vida y nuestro estandarte; esta nos quitará la angustia, nos arrancará de toda sequedad espiritual y nos revelará qué quiere el Señor de nosotros en cada circunstancia que nos toque atravesar o que permita que llegue a nosotros, para así verlo a Él en todo su esplendor.

Él es tu ayudador, tu protección. Él quiere penetrar ese aislamiento y llevarte a la luz, donde las cosas bellas preparadas para ti sucederán.

Mantente en oración, pídeles a tus amigos que oren por ti, y medita en la Palabra. Ruega al Señor por su auxilio, por su intervención, y Él acudirá a tu llamado; romperá tu burbuja y volverás a la vida a la cual fuiste llamado.

REFLEXIÓN

El aislamiento puede hacernos sentir solos, olvidados, y abandonados. Sin embargo, la Palabra de Dios nos recuerda que Él está cerca de aquellos que se sienten solos o quebrantados. Aun cuando las circunstancias nos empujen a la soledad, no estamos desamparados, porque Dios siempre está con nosotros. Es importante mantener viva nuestra relación con Él a través de la oración, la meditación de su Palabra y la comunión con otros creyentes, aunque sea a distancia. El aislamiento puede ser una oportunidad para crecer espiritualmente y profundizar nuestra dependencia en Él.

ORACIÓN

Señor, reconozco que en muchas ocasiones me siento solo y aislado. Te pido que me fortalezcas, que tu presencia me envuelva en todo momento y me recuerdes que no estoy solo. Ayúdame a mantener mi vida espiritual activa, aun en tiempos de dificultad, y a buscar consuelo en ti. Gracias por estar siempre cerca, especialmente cuando me siento quebrantado. En el nombre de Jesús, amén.

10

CÓMO SUPERAR EL RESENTIMIENTO

"Airaos, pero no pequéis; no se ponga el sol sobre
vuestro enojo, ni deis lugar al diablo".
— Efesios 4:26

UN CORAZÓN LLENO DE RESENTIMIENTO, QUE ESPERA
SIEMPRE LO PEOR PARA EL OTRO, NO PUEDE ALBERGAR
LAS RIQUEZAS DE CRISTO NI SUS PROMESAS. ES UN
CORAZÓN ATADO A UNA CÁRCEL LLENA DE RECUERDOS
DOLOROSOS Y AMARGOS QUE SOLO TE LLEVAN A
DECIDIR Y ELEGIR MAL. POR ESO, ¿ESTÁS DISPUESTO HOY
A SER LIBRE DE TANTOS AÑOS DE DOLOR? TE INVITO
A QUE EL SEÑOR PUEDA HACERTE LIBRE DE TODA
CONDENACIÓN E INTOXICACIÓN A LA QUE TÚ MISMO,
QUIZÁS, TE HAS ENCADENADO.

¿Logras olvidar las cosas que tu esposo o tus hijos te han dicho, o esas palabras siguen repitiéndose como un eco una y otra vez en tu mente? ¿Eres de las personas que guardan lo que sienten y luego estallan? ¿Eres de los que no olvidan las cosas que pasaron?

Muchas veces, el guardar el dolor hace que un sentimiento amoroso se convierta en resentimiento, el cual es una emoción tan tóxica que puede llegar a destruir un matrimonio, acabar con la confianza y lealtad del otro, romper relaciones de amistad de años, y causar estragos emocionales (y hasta físicos).

En cierto sentido, el resentimiento no es el síntoma del problema de la pareja, sino lo que guardamos; es por eso que la Palabra, en Efesios 4:31-32, nos dice: *"Quítense de vosotros toda amargura, enojo, ira, gritería y maledicencia, y toda malicia. Antes sed benignos unos con otros, misericordiosos, perdonándoos unos a otros, como Dios también os perdonó a vosotros en Cristo"*. La Palabra nos exhorta a deshacernos de estos sentimientos, ya que guardarlos solo nos ocasionará más dolor.

Guardar resentimiento es como darle una bofetada al otro y esperar que el dolor le afecte (obviamente, desde lejos), como si fuera un experimento científico. Verdaderamente, no tiene sentido. Es como esperar que alguien se muera, siendo tú el que está tomando ese veneno.

Muchas personas dicen: "Me siento así por culpa de mi esposo", pero el problema no está en el otro. No podemos controlar la conducta de los demás, sino solo examinar la propia. En cambio, sí podemos decidir cómo reaccionaremos, con quién nos molestaremos, cuánto tiempo le daremos a esta emoción dentro de nosotros... Es fácil echarles la culpa a los demás: al hijo, al profesor, al jefe, al pastor, a las autoridades... Recuerda que hay otra salida: el perdón. Jesús dijo: *"Si se enojan, no pequen. No permitan que el enojo les dure hasta la puesta del sol ni den cabida al diablo"* (Efesios 4:26).

Al perdonar, podrás hacerles frente a tus problemas de pareja con una mejor actitud. A veces, debido a heridas propias, por nuestra propia historia, tendemos a enojarnos con facilidad. ¿Estás dispuesto a examinarte, como nos pide la Palabra? Proverbios 29:22 dice: *"El hombre iracundo levanta contiendas, y el furioso muchas veces peca"*.

La Biblia nos advierte que insistir en un asunto puede separar a los amigos: *"El que cubre la falta busca amistad; mas el que la divulga aparta al amigo"* (Proverbios 17:9).

El matrimonio también pasa por esto. Si descubres que tu corazón se llena de rencor, trata de ser más paciente con esa persona que Dios te dio y con esa relación. Finalmente, esa persona es un regalo de Dios. Entonces, realmente, ¿vale la pena discutir con él? Como dice Eclesiastés 3: *"Hay un tiempo para callar y un tiempo para hablar"*. A veces, reclamar por cada ofensa solo empeora todo. Quizás, en esas situaciones es mucho mejor seguir el consejo del Salmo 4:4: *"Temblad, y no pequéis; meditad en vuestro corazón estando en vuestra cama, y callad"*. Llévale tus resentimientos al Señor, ora, pídele sabiduría, déjalos en el altar y pídele su ayuda para calmar tus sentimientos, quitar la rabia, y que el amor vuelva a ocupar todo tu corazón. Y, si, aun así, crees que hay algo de lo que tienes que hablar, espera el momento adecuado.

Cuando el enojo haya bajado, será el momento propicio para conversar con ese ser querido acerca del agravio o de aquellas situaciones que te molestan.

Por último, piensa en esta palabra: "Perdón". Jesús murió por nosotros para perdonarnos, para preparar el camino que nos lleva al Padre y para que podamos entrar aun en esos espacios donde el perdón parece imposible: la muerte de un hijo por un accidente de tránsito, la violación de un hijo por parte del mismo padre, la muerte de un ser querido en manos de delincuentes. ¿Puedes verte en medio de una situación así? El Señor nos ha perdonado lo suficiente como para que nosotros podamos perdonar a los demás.

Si te encuentras en una situación límite tal, quiero compartirte la Palabra y que juntos veamos lo que el Señor nos dice al respecto:

> "... soportándoos unos a otros, y perdonándoos unos a otros si alguno tuviere queja contra otro. De la manera que Cristo os perdonó, así también hacedlo vosotros".
> —Colosenses 3:13

> "Y ante todo, tened entre vosotros ferviente amor; porque el amor cubrirá multitud de pecados".
> —1 Pedro 4:8

> "La cordura del hombre detiene su furor, y su honra es pasar por alto la ofensa".
> —Proverbios 19:11

Te animo a que hoy decidas dejar atrás el resentimiento y abrazar en paz este nuevo día.

REFLEXIÓN

El resentimiento es como un veneno que, aunque lo guardemos dentro, acaba afectándonos a nosotros mismos. Nos impide vivir en paz y nos aleja de las relaciones que más valoramos. La Biblia nos enseña que debemos perdonar como Cristo nos perdonó. El resentimiento envenena nuestras emociones y nuestras relaciones. La clave para superarlo está en el perdón y en no dejar que el enojo se apodere de nosotros. Dios quiere que vivamos en paz, que dejemos ir el dolor y las ofensas, para que vivamos con un corazón limpio, dispuestos a reconciliarnos con los demás.

ORACIÓN

Padre celestial, te agradezco por el perdón inmenso que has derramado sobre mi vida. Hoy te pido que me ayudes a soltar cualquier resentimiento que haya guardado en mi corazón. En este nuevo día, elijo perdonar a aquellos que me han herido, así como Tú me has perdonado. Te pido que sanes mi corazón y me des la paz que solo Tú puedes dar. En el nombre de Jesús, amén.

SU SACRIFICIO EN LA
CRUZ NO SOLO ANULÓ
NUESTRA DEUDA, SINO
QUE TAMBIÉN NOS HIZO
HEREDEROS DE
SU PROMESA.

11

LA DEUDA FUE SALDADA EN SU TOTALIDAD

"Y todo esto proviene de Dios, quien nos reconcilió consigo mismo
por medio de Cristo, y nos dio el ministerio de la reconciliación; es
decir, que Dios estaba en Cristo reconciliando al mundo consigo
mismo, no tomándoles en cuenta a los hombres sus transgresiones,
y nos encargó a nosotros la palabra de la reconciliación".
— 2 Corintios 5:18-19

¿SIENTES QUE ESTÁS EN DEUDA CON ALGUIEN? ¿NO
SABES QUÉ DECISIÓN TOMAR PARA CANCELAR ESA
DEUDA (YA SEA MATERIAL O FÍSICA), A LA CUAL VIENES
ATADO HACE AÑOS? ESCUCHA AL SEÑOR; ÉL YA TE HIZO
LIBRE, Y NO HAY NINGUNA CONDENA SOBRE TU VIDA.
TU DEUDA HA SIDO SALDADA; POR ENDE, NO TE ATES A
ALGO DE LO QUE DIOS YA TE HIZO LIBRE. LO QUE HAS
DE HACER DECÍDELO DE ACUERDO
CON LA PALABRA.

Como humanidad, hemos contraído una gran deuda en
el mundo material. Nuestro deseo de alcanzar todo el
tiempo un nivel más alto de vida, de posesiones, de estatus

nos ha llevado a acumular saldos excesivos en tarjetas de crédito, hipotecas, préstamos, con consecuencias que nos llevan a vivir en una atrapante angustia, anhelando desesperadamente ser rescatados por alguien de tan horrible situación. Sin embargo, el endeudamiento material no es nuestro mayor problema, sino la deuda por nuestro pecado. Todos nacimos con una naturaleza carnal pecaminosa que nos lleva a rebelarnos contra la belleza y voluntad de Dios. Para Él, esta rebeldía es una afrenta a su naturaleza santa, por lo cual hemos contraído una deuda y, hasta que se pague, estamos bajo el justo juicio de Dios.

De todas formas, no hay una cantidad de obras buenas ni de sacrificios que podamos hacer que alcancen para pagar esta deuda. Por lo tanto, Dios, en su infinita misericordia, envió a su Hijo para salvarnos y hacernos libres de toda deuda. Jesucristo dejó el Cielo y toda su gloria para venir a vivir a la Tierra y luego morir por nosotros. Su costo (el costo de nuestra salvación) fue enorme, pero Él, voluntariamente, pagó con ese castigo que no merecía y que nosotros debíamos de haber pagado. Jesús tomó sobre sí todos nuestros pecados, los llevó a la cruz y anuló nuestra deuda en su totalidad. ¿No es algo maravilloso?

Cuando recibimos a Jesús como nuestro Salvador, su obra expiatoria es acreditada a nuestra cuenta: nos convertimos en hijos de Dios y coherederos con Cristo; de deudores pasamos a ser herederos; de ser hijos de nadie pasamos a ser hijos del Altísimo.

¡La deuda fue cancelada para siempre!

Es importante que reconozcamos el costo de nuestra salvación. En el mundo bancario, cuando miramos una tarjeta de crédito, es fácil ignorar lo que cuestan las cosas al acostumbrarnos a pagar con débito o en plazos; es decir, perdemos la noción de cuánto hemos gastado. Nuestra cultura disfruta de los placeres temporales sin darse cuenta de que en el mundo espiritual existe una realidad más profunda. Dios nos muestra que el verdadero costo del pecado —aquel que no podemos pagar y por el cual envió a su hijo Jesús— fue la humillación y dolor que Cristo atravesó en la cruz. Allí fue clavado y levantado para sufrir una muerte atroz, y luego llevar sobre sí (el hombre que llevó una vida santa y perfecta, sin amargura ni resentimiento) los pecados de toda la humanidad: los tuyos, los míos y los de las próximas generaciones.

Y hay más... En sus horas finales fue separado de la comunión que tenía con su Padre hasta consumir su obra expiatoria. Por último, derrotó a la muerte eterna, y todo lo hizo por amor a ti y a mí. Cada día Él nos llama a una vida de servicio y abnegación, a hacer la obra del Padre y a agradarlo con nuestras obras. Si quieres saber si esa deuda está pagada, vive conforme a lo que el Señor ya pagó. La deuda ya fue cancelada. Ahora agradece y vive con la certeza de que tienes un gran Dios que pelea por ti y que te ama.

REFLEXIÓN

La deuda que teníamos con Dios a causa de nuestros pecados era incalculable, imposible de pagar con nuestras propias fuerzas. El pecado nos separó de Él y nos puso bajo juicio. A pesar de todo esto, a lo largo de la historia, las personas intentaron reconciliarse con Dios a través de sacrificios, buenas obras y esfuerzos humanos. No obstante, la realidad es que ninguna de estas cosas podría pagar el precio de nuestra redención. Solo a través de Jesús, el Hijo de Dios, nuestra deuda fue saldada en su totalidad. Él pagó con su vida lo que nosotros no podíamos cubrir. Su sacrificio en la cruz no solo anuló nuestra deuda, sino que también nos hizo herederos de su promesa. Esta es una gracia inmensa, que debemos comprender y aceptar con gratitud. Vivir conscientes de este sacrificio transforma nuestra manera de ver la vida, la manera en que tomamos decisiones y cómo respondemos a los desafíos. No somos más deudores: somos hijos amados.

ORACIÓN

Señor, gracias por haber pagado la deuda que nunca podría haber sido saldada por mí. Gracias por haber enviado a tu Hijo para reconciliarnos contigo. Te pido que cada día pueda vivir conscientemente de este sacrificio y que mi vida refleje gratitud y amor por lo que has hecho por mí. Ayúdame a caminar en la libertad que me has dado, y a compartir tu amor y tu gracia con otros. En el nombre de Jesús, amén.

12

HOMBRE NATURAL VS. HOMBRE ESPIRITUAL

"Pero el hombre natural no percibe las cosas que son del Espíritu de Dios, porque para él son locura; y no las puede entender, porque se han de discernir espiritualmente".

— 1 Corintios 2:14

EL HOMBRE ESPIRITUAL OBEDECE A LA GUÍA DE DIOS, MIENTRAS QUE EL HOMBRE NATURAL SIGUE SUS INSTINTOS, SUS DESEOS Y SU CONVENIENCIA. Y, BASÁNDOSE EN QUIÉN ES, MUCHAS VECES, DECIDE. PERO, SI QUIERES VER CAMBIOS FAVORABLES EN TU VIDA, ES MOMENTO DE TOMAR UNA DECISIÓN: ¿A QUÉ NATURALEZA ESTÁS DISPUESTA A SERVIR?

Los espacios donde vive la gente varían mucho en el mundo físico. Van desde mansiones hasta tugurios y lugares desechados y polvorientos donde no hay ningún tipo de provisión. Y, de la misma manera, la esfera espiritual también tiene niveles diferentes. El primero es el "hombre natural". Es lamentable que muchos cristianos estén atrapados en este plano de existencia, tratando de obedecer al Señor, mientras su carne (su vieja manera de pensar) se manifiesta aún más que la posible relación que tengan con Dios. Su vida es una montaña rusa de altibajos espirituales.

A veces, esta condición se debe a todo aquello que desconocen. Muchos no se dan cuenta de que este estilo de vida no está destinado a ser la norma para el creyente, pues el Señor nos ha dado todo lo necesario para tener una vida piadosa. Sin embargo, hay personas que no lo creen, y esto los convierte en hombres naturales.

La razón principal por la que los creyentes tienen una vida carnal es porque todavía no han decidido quién tendrá el control de sus vidas. Hay algo que no están dispuestos a entregarle a Dios; puede ser un deseo, un hábito o una fuente de seguridad o de placer. Otra posibilidad es que han sentido un llamamiento en sus vidas, pero están huyendo de este por temor o por rebeldía. Las consecuencias de vivir de esta manera son catastróficas: sin guía del Espíritu. El cristiano carnal es espiritualmente inmaduro; está gobernado por sus deseos, sus derechos, sus expectativas o sus ideologías, porque no ha aplicado las verdades bíblicas aprendidas y no puede entender las cosas más profundas de la Escritura. ¿El resultado?, un crecimiento espiritual truncado. Si te ves descripto en estas líneas, por favor, rinde tu vida a Dios y confía en su inmenso poder.

El segundo nivel es el hombre espiritual. Este grupo está compuesto por cristianos llenos del Espíritu Santo y rendidos a su control. Aunque no son perfectos, son rápidos para reconocer el pecado, confesarlo, arrepentirse sinceramente y volver al camino del Señor. Estas personas pueden ser guiadas por el Espíritu de Dios y le dan siempre la gloria al Señor. En cualquier circunstancia, responden con sabiduría, disciernen las cosas del espíritu, y el espíritu de verdad gobierna sus vidas, sus relaciones y su corazón.

Ahora bien, el hombre carnal es aquel creyente que trata de vivir en dos mundos diferentes: un día, es cristiano y, otro día, es completamente mundano. Al ser salvos, todos los creyentes reciben la nueva naturaleza, pero su antigua manera de ser no es quitada si permiten que las tendencias pecaminosas los gobiernen día con día. Es así como se convierten en personas que van apagando el espíritu en sus vidas. Si tú estás en esta categoría, necesitas que el Señor te ayude a desear que el Espíritu de Dios gobierne tu vida y tus pensamientos. Definitivamente, el hombre espiritual anhela ese nivel de gloria donde Él nos quiere llevar, donde sus promesas son reales, donde nuestros hijos están apegados a la Palabra y donde nuestra familia está segura y a salvaguardo.

REFLEXIÓN

La vida espiritual tiene diferentes niveles, y cada cristiano está en un proceso de crecimiento. El hombre natural es aquel que vive según sus deseos carnales, sin una verdadera relación con Dios. El hombre espiritual es aquel que ha rendido su vida al Espíritu Santo, permitiendo que Dios lo guíe en cada paso. Sin embargo, muchos se encuentran en un lugar intermedio, tratando de vivir en dos mundos, lo cual trae conflicto y frustración. El Señor nos invita a pasar del nivel carnal al espiritual, a vivir plenamente dirigidos por su Espíritu. Esto requiere rendir nuestras viejas costumbres y dejar que Dios sea el centro de nuestra vida.

ORACIÓN

Padre, te pedimos que nos ayudes a avanzar en nuestra vida espiritual. No queremos vivir atrapados en los deseos de la carne, sino rendidos completamente a tu Espíritu. Transforma nuestra mente y nuestro corazón para que podamos vivir de acuerdo con tu voluntad y, así, experimentar la plenitud que Tú has prometido. Que nuestra vida sea un testimonio de tu gracia y de tu poder. En el nombre de Jesús, amén.

13

SUELTO EL PASADO Y PROSIGO A LA META

"Hermanos, yo mismo no pretendo haberlo ya alcanzado; pero una cosa hago: olvidando ciertamente lo que queda atrás, y extendiéndome a lo que está delante, prosigo a la meta, al premio del supremo llamamiento de Dios en Cristo Jesús".
— Filipenses 3:13-14

¿QUÉ SITUACIONES DEL PASADO AÚN TE MANTIENEN ATADO, IMPIDIENDO QUE AVANCES A LO NUEVO DE DIOS? ¿QUÉ DECISIONES ESTÁS POSTERGANDO TOMAR POR ESTE PASADO QUE TE LIMITA? ¿ESTÁS DISPUESTO A DEJAR LA ZONA DE CONFORT PARA QUE DIOS LIBERE LAS BENDICIONES QUE ESTÁN RETENIDAS PARA TI? ES TIEMPO DE SOLTAR MARRAS Y DE SUMERGIRTE EN TODO LO NUEVO QUE DIOS QUIERE DARTE.

Dios escoge a Abraham no porque él tenga una vida maravillosa o porque sea un hombre demasiado importante, sino porque él fue obediente. Cuando Dios le dijo: "Deja tu tierra y tu parentela", estaba invitando a Abraham a una transformación total de su vida. No era solo un cambio geográfico, sino un cambio de costumbres: dejar atrás lo aprendido para cuestionar sus paradigmas, transformar su manera de pensar y vivir. Era abandonar la comodidad de lo establecido.

Dejar lo que ya conocemos significa también abandonar esa seguridad para abandonarnos en Dios. *Mientras sigas viendo el mundo con los mismos ojos, seguirás tomando las mismas decisiones.* Por eso necesitas desvincularte de tu pasado, en pos de solucionar los problemas de una manera distinta. Al soltar el pasado, podrás tener una visión del mundo. De lo contrario, tomarás las mismas decisiones, resolverás los problemas de la misma forma. Tus ideas, tu voluntad y tus procesos de pensamiento estarán supeditados al entorno en el que te encuentras. La casa de tus padres, por ejemplo, está muy arraigada dentro de ti: su cultura, su manera de tratar a los demás y de hacer las cosas reflejan sus costumbres. Es por ello que necesitas salir de tu zona de confort, entregarte a lo nuevo de Dios y ser dócil ante sus desafíos.

Madurar y crecer implica tomar decisiones acordes a la Palabra, y allí, en ese proceso, conocerás también todas las capacidades que Dios te ha dado, la capacidad de tu trabajo. Por todo esto, pídele al Señor nuevas fuerzas. Haz que Él te dé nuevas fuerzas y expectativas. A veces, los padres, sobre todo si no son cristianos, pueden frenar la voluntad del Señor en nuestra vida, ya que no siempre brindan el consejo que sus hijos necesitan. Ahora bien, cuando los padres dan un buen consejo, hay que respetarlos. Reconoce su autoridad sobre tu vida. Rescata la voluntad del Señor en tu vida, esas capacidades, esas ideas nuevas. Nunca te des por vencido. Motívate a lo nuevo. Dios le dijo a Abraham: *"Vete de tu tierra a la que te mostraré"*. Él se dispuso, puso su corazón en lo nuevo, dejó lo viejo, se organizó, se acomodó y se fue tras su destino. En el camino se sintió estimulado y no permitió que ninguna cosa del pasado lo definiera. No dejó que las malas noticias ni las malas decisiones de su vida anterior le impidieran avanzar hacia lo nuevo.

El problema de la inhibición es complejo. Esta aparece cuando una persona sigue en lo mismo, cuando no hay cambio, cuando el pasado sigue marcando el presente. Esto provoca que las decisiones nuevas se parezcan demasiado a las decisiones viejas, y así es cómo llegan los fracasos, los problemas y el estancamiento personal.

Luego, el Señor le dijo a Abraham: *"Y haré de ti una nación grande, y te bendeciré, y engrandeceré tu nombre, y serás bendición. Bendeciré a los que te bendijeren, y a los que te maldijeren maldeciré; y serán benditas en ti todas las familias de la tierra"* (Génesis 12:2-3). De igual manera, el Señor te bendecirá a ti cuando dejes atrás todo lo que te limita, te paraliza, y no te permite avanzar a la tierra que Dios quiere darte. Cuando llegues a esa tierra y seas engrandecido, recuerda que esa autoridad que ahora tienes te la delegó el Señor para que lo enaltezcas, para que lo glorifiques en todo momento y para que Él pueda verse reflejado en ti.

Nosotros no solo somos un vaso donde Él nos llena de todas las riquezas de su gloria: también debemos ser un espejo de la persona de Cristo.

Al terminar esta lectura, te desafío a salir de la tierra de tu parentela, de la casa de tus padres y adentrarte en la promesa: "tu tierra prometida", donde el Señor te dará ricas y grandes bendiciones, donde derramará con poder su obra maestra en tu vida.

REFLEXIÓN

El pasado muchas veces suele ser un ancla que nos impide avanzar hacia el futuro que Dios tiene para nosotros. Muchas veces, las experiencias, errores o traumas del pasado nos limitan y nos hacen temer lo nuevo. Sin embargo, Dios nos llama a liberarnos de esas cadenas y a mirar hacia el futuro con esperanza y fe.

Al igual que Abraham —quien tuvo que dejar su tierra y su parentela para recibir la promesa de Dios—, nosotros también debemos desvincularnos de lo que nos retiene. Dios tiene algo nuevo para ti, algo mejor que lo que has conocido; no obstante, para recibirlo, debemos dejar atrás lo que ya no sirve en nuestra vida.

ORACIÓN

Señor, ayúdame a liberarme de las cadenas del pasado. Quiero olvidar lo que ya no sirve para mi vida y extenderme a lo que Tú tienes preparado para mí. Dame la valentía de caminar hacia el futuro con confianza, sabiendo que Tú me guiarás. En el nombre de Jesús, amén.

LA INFERIORIDAD
NO TIENE LUGAR
EN LA VIDA DE UN HIJO
DE DIOS, PORQUE EL
VALOR QUE TENEMOS
ES EL QUE ÉL NOS
OTORGA.

14

"NO SÉ, NO PUEDO, NO VALGO"

*"Porque somos hechura suya, creados en Cristo Jesús
para buenas obras, las cuales Dios preparó de antemano
para que anduviésemos en ellas".*
— Efesios 2:10

¿CON QUÉ PALABRAS ESTÁS ALIMENTANDO TU VIDA? SI
TE ALIMENTAS CON PALABRAS DE FE Y DE VALORACIÓN,
TU CRECIMIENTO SERÁ ILIMITADO. AUN EN LAS
CIRCUNSTANCIAS EN LAS QUE SIENTES QUE NO PUEDES,
DECLARA: "DIGA EL DÉBIL: 'FUERTE SOY'". NO BUSQUES EL
RECONOCIMIENTO DEL MUNDO: YA FUISTE APROBADO
POR DIOS, Y ESTA PALABRA ES AQUELLO ÚNICO EN LO
QUE DEBES CREER.

En los tiempos que transcurren, es importante saber qué importantes somos para Dios. Desde pequeños, muchos experimentaron desvalorización, palabras que lastiman: "No sirves", "No puedes", "Yo esperaba un/a varón/nena", etc. Palabras que te hicieron sentir que no naciste en el lugar correcto, con la familia que querías... Fuiste a un colegio que nunca hubieras elegido, te compraron ropa que no era de tu gusto, y así podemos seguir enumerando muchas circunstancias que lastimaron tu estima y te hicieron sentir menos que los demás. Y, simplemente, te acostumbraste a vivir con una sensación de fracaso y de vergüenza por no ser lo suficiente, o por no poder pertenecer a un lugar, a un grupo. Sin embargo, Dios no anhela este sentimiento de inferioridad para sus hijos. La desdicha de sentirse *"insuficiente"* suele comenzar como una semilla en la juventud: *comparaciones, críticas o entornos tóxicos* la riegan, hasta que florece en un corazón convencido de su "inferioridad". Este bagaje emocional suele tener consecuencias destructivas y producir conductas esclavistas en todas las áreas de la vida.

Ahora bien, ¿qué producirán todas estas emociones lastimosas en ese niño ahora adulto?

En primer lugar, te incapacita para establecer relaciones personales sanas. La comparación nos roba el gozo y nos lleva a vincularnos con personas tóxicas (manipuladoras, ventajistas) que querrán sacar provecho de un yo debilitado.

En segundo lugar, son un obstáculo para alcanzar el propósito en tu vida y tomar decisiones sabias. Los sentimientos de inferioridad son un obstáculo que nos impiden llegar a ser las personas que Él ha querido que seamos. Siempre pensamos que el otro es mejor que nosotros.

Pero, ahora bien, ¿cómo podemos dejar atrás esas palabras que nos lastimaron y frenaron todo el potencial que Dios puso en nosotros? Aférrate solo a lo que Dios habla de ti, a su perfecta evaluación, y no a la tuya o a la de aquellos que están a nuestro alrededor. La Palabra dice que somos hechura suya, su obra maestra, y como tal debemos sentirnos. Aprópiate de esta Palabra. Cada persona es especial, ha sido diseñada por Dios para el propósito particular, exclusivo e individual, y también colectivo, para el cual fue diseñada. Las diferencias que nos llevan a hacer comparaciones y sentirnos desanimados son las cualidades que el Señor programó en nosotros para que lo glorifiquemos con todas estas.

Cuando se trata de nuestro valor, podemos aceptar la verdad de su valoración o decidir no creerle y confiar más en nuestras emociones o en lo que otras personas dicen. Solo nos apropiaremos del verdadero valor que tenemos cuando nuestra felicidad y nuestra satisfacción provienen de dirigir nuestra vida hacia lo que Dios quiere. El hecho es que, con frecuencia, nos centramos más en lo externo para demostrarnos a nosotros mismos y a los demás que somos importantes o que sería mucho mejor si fuésemos más inteligentes, más agraciados, más delgados. No obstante, no es prudente dejar que las opiniones de los demás definan nuestra estima, cómo nos vemos. La única evaluación real de nosotros tiene la mirada amorosa de Aquel que nos dio a su Hijo por nosotros y nos amó lo suficiente para saber que algún día Jesús nos redimiría de toda desvalorización.

El verdadero valor consiste en conocer y comprender las dimensiones del amor de Dios para nosotros. Este conocimiento es nuestra ancla cuando nos sentimos agobiados y experimentamos sentimientos de inferioridad, de fracaso, de reproche, de autorreproche, de sentirnos poca cosa... El Señor no nos prometió darnos todas las cualidades y aspectos que queremos; lo que sí promete es fortalecernos en nuestro hombre interior.

Dios es poderoso para hacer mucho más de lo que pedimos o entendemos, pero su manera de trabajar en nuestro espíritu es de adentro hacia afuera según el poder que actúa en nosotros. Si hoy estás luchando con tu baja autoestima, con sentimientos de inferioridad, pídele a Dios que sane tu alma y permítele hacer su obra en tu interior. Declara la Palabra y créela: *"Mas vosotros sois linaje escogido, real sacerdocio, nación santa, pueblo adquirido por Dios, para que anunciéis las virtudes de aquel que os llamó de las tinieblas a su luz admirable"* (1 Pedro 2:9). *"El Señor abrirá los cielos, su generoso tesoro, para derramar a su debido tiempo la lluvia sobre la tierra y para bendecir todo el trabajo de tus manos. Tú prestarás a muchas naciones, pero no tomarás prestado de nadie. El Señor te pondrá a la cabeza, nunca en la cola. Siempre estarás en la cima, nunca en el fondo, con tal de que prestes atención a los mandamientos del Señor tu Dios que hoy te ordeno y los obedezcas con cuidado"* (Deuteronomio 28:12-13).

Eres una obra maestra de tu Padre celestial; has nacido con un propósito eterno y maravilloso para cumplir aquello para lo cual fuiste predestinado desde antes de la fundación de este. Recuerda: en la Creación, ¡Dios pensó en ti!

REFLEXIÓN

La sensación de inferioridad surge cuando comparamos nuestra vida con la de otros, olvidando que Dios nos ha hecho únicos. Él nos conoce profundamente y nos ha diseñado con un propósito específico. La inferioridad no tiene lugar en la vida de un hijo de Dios, porque el valor que tenemos es el que Él nos otorga. Si entendemos que somos su obra maestra, no importa lo que el mundo piense o lo que hayamos vivido en el pasado. En Cristo, somos completos, valiosos, y tenemos un propósito eterno que solo se puede cumplir si dejamos que Él obre en nosotros.

ORACIÓN

Señor, hoy vengo ante ti para pedirte que sanes mis sentimientos de inferioridad. Ayúdame a ver mi valor a través de tus ojos. Reconozco que soy tu obra maestra, creado para un propósito divino, y te pido que me fortalezcas para cumplir ese propósito. En el nombre de Jesús, amén.

CUANDO NUESTRA
IDENTIDAD ESTÁ
CIMENTADA CONFORME
A LA PALABRA, DIOS NOS
CONCEDERÁ TAMBIÉN
LOS DESEOS
DEL CORAZÓN.

15

MI IDENTIDAD EN CRISTO

❦

"De modo que si alguno está en Cristo,
nueva criatura es; las cosas viejas pasaron;
he aquí todas son hechas nuevas".
— 2 Corintios 5:17

> SI REALMENTE CREYERAS QUE ERES AMADO
> INCONDICIONALMENTE POR DIOS, ¿CÓMO CAMBIARÍA
> TU FORMA DE TOMAR DECISIONES? TU IDENTIDAD
> ES SER HIJO DE DIOS. ERES LO QUE DIOS HABLÓ DE TI
> CUANDO TE PREDESTINÓ Y TE DIO VIDA. NO PERMITAS
> QUE NADIE TE DIGA CUÁL ES TU POSICIÓN AQUÍ, EN
> ESTE MUNDO.

¿Te has preguntado quién verdaderamente eres? ¿Dónde estás parado? ¿Estás convencido de tu identidad? ¿Eres quien el mundo dice que eres o lo que Dios dice de ti que eres? La Palabra dice que somos sus mayordomos fieles, y en nosotros el Señor depositará toda su gloria. Por ende, siempre que coloquemos a Dios primero en nuestras vidas, todo lo que hagamos estará respaldado por su poder.

Separados de nuestro Creador, del Dios Padre, nada podremos hacer, y el mundo nos llevará a la deriva. En el Evangelio de Marcos 8:34-35, Jesús les dice a sus discípulos: *"Si alguna persona me quiere seguir, tenga que renunciar a sí mismo, cargar la cruz y proseguirme. El que quiera conserve su vida para sí la perderá; con todo, aquel que pierda su vida por el evangelio y por mí la salvará".* ¿Qué quiso decirles el Señor con esta Palabra? Si alguna persona quiere ser su discípulo, debe negarse a sí mismo, tomar la cruz y seguirlo. Porque el que quiera conservar su vida la perderá y el que la pierda a causa del Evangelio, y por Él, la salvará.

Jesús no se refería aquí a una vida física, sino a una más importante: la vida espiritual del hombre, a la vida eterna. La palabra traducida en el griego como "psiquis" se refiere al "yo" individual que lucha por sobrevivir, a los que en este mundo están sufriendo una crisis de identidad.

El instinto de distinguirnos es tan fuerte que, si se lo permitimos, puede controlar nuestras vidas, e incluso destruirnos. Sin embargo, cuando Jesús nos llama a negarnos a nosotros mismos, no nos está pidiendo que enterremos nuestros deseos más profundos de valor, identidad y propósito, sino que nos desafía a cumplirlos en Él, en la única fuente que puede satisfacer completamente los sueños de nuestra alma.

El problema aparece cuando comenzamos a definirnos en cuanto a dinero, popularidad, éxito. Nos aferramos a las cosas cuando, en realidad, el hábito de hacerlas por nuestra propia voluntad es un acto propio de maldad, como diciéndole a Dios: "En esto no te necesito; puedo solo", mostrando así nuestra falta de identidad. Pero sepamos que Él nos amó primero y nos dio vida para que volviéramos a conectarnos con el Padre. En Él está nuestra identidad, en la muerte del ego de saciar y de satisfacer nuestras propias necesidades a fin de darnos "un gustito", y no las del Padre.

Querido amigo, esta es una carrera contra la vida y, así, lo único que logramos es alejarnos de nuestro Creador, quien nos creó con un propósito al que debemos acudir. El problema es que no todos estamos dispuestos a dejar nuestros sueños para, simplemente, cumplir con aquello que Dios me está pidiendo en este momento. A veces, deberemos dejar amigos, relaciones que intentan borrarnos nuestra verdadera identidad: hijos del Rey de Reyes y Señor de Señores. Cuando nuestra identidad está cimentada conforme a la Palabra, Dios nos concederá también los deseos del corazón. Solo te pide que lleves a la cruz aquellas cuestiones, personas, vicios, lugares a los que estás aferrado y que usas para darles el lugar que solo Él debe ocupar en tu vida. Él debe ser el primero y el único.

Si has tratado de renunciar a aquello que has utilizado para definir tu ser (como, por ejemplo, "Soy cantante", "Soy maestro", "Soy padre", "Soy la que siempre ayuda"), hoy puedes llevarlo a la cruz. Sé que duele renunciar a algo de lo que pensamos que necesitamos para vivir; pero, al hacerlo, Cristo te devolverá todo resucitado. En la cruz hay muerte y resurrección. Muchas veces pensamos que nuestra pareja es indispensable para la vida, y la transformamos, entonces, en un ídolo, así como a nuestros hijos. Y ellos son la razón de nuestro vivir. Cuando esto nos pasa, perdemos la visión, nuestra prioridad, y nos perdemos a nosotros mismos. Nuestra única y verdadera identidad la tenemos en Cristo, y solo en Él hallamos el amor y todo lo que necesitamos para ser mayordomos de su Reino.

REFLEXIÓN

El mundo constantemente trata de imponer su idea de quiénes debemos ser. De todos modos, como hijos de Dios, nuestra identidad está en Cristo. La verdadera identidad no se basa en el éxito, en la opinión de los demás o en lo que tenemos. Jesús nos invita a perder nuestra vida por Él, para que podamos hallar la verdadera vida. Cuando renunciamos a nuestras expectativas y sueños para seguir su llamado, encontramos una identidad renovada que no depende de lo que el mundo diga, sino de lo que Él ha dicho de nosotros. Como hijos en Cristo, somos más que vencedores, y tenemos un propósito eterno que trasciende cualquier definición temporal que el mundo quiera hacernos creer.

ORACIÓN

Señor, te doy gracias por mi nueva identidad en Cristo. Ayúdame a recordar cada día que soy tu hijo, que mi valor no depende de lo que tengo o de lo que otros piensen de mí, sino de tu amor incondicional. Te entrego mi vida para que seas Tú quien me guíe y me haga cumplir el propósito eterno que has diseñado para mí. En el nombre de Jesús, amén.

DIOS NO BUSCA
NUESTRA LÓGICA,
SINO UN CORAZÓN
DISPUESTO.
NO SE TRATA DE
ENTENDER, SINO DE
HACER LO QUE DIOS YA
TE HA DICHO.

16

EN LA OBEDIENCIA ESTÁ ESCONDIDA LA VICTORIA

"… y dijo: Si oyeres atentamente la voz de Jehová tu Dios, e hicieres lo recto delante de sus ojos, y dieres oído a sus mandamientos, y guardares todos sus estatutos, ninguna enfermedad de las que envié a los egipcios te enviaré a ti; porque yo soy Jehová tu sanador".

— Éxodo 15:26

VEREMOS CÓMO DIOS, A PARTIR DE LA OBEDIENCIA, LE CONCEDIÓ A GEDEÓN DEFINITIVAMENTE LA VICTORIA A TRAVÉS DE UN PLAN MARAVILLOSO DE SALVACIÓN QUE ÉL MISMO ORQUESTÓ PARA SU PUEBLO, Y CÓMO TAMBIÉN TE LA DARÁ A TI FRENTE A CADA DECISIÓN QUE DEBES TOMAR CUANDO SIGUES SUS PASOS Y ESTÁS ATENTO A SU VOZ.

Comencemos, entonces, profundizando en las decisiones que tomó Gedeón. Si Gedeón hubiera desobedecido siquiera una orden, su ejército habría sufrido una derrota instantánea. A pesar de que los caminos del Señor parezcan arriesgados e ilógicos, necesitamos confiar en que su sabiduría es inigualable y en que su poder es incomparable.

Gedeón había sido un hijo no deseado; por ende, era un hombre lleno de muchos miedos. Él trabajaba en lugares completamente oscuros, donde el ojo del enemigo no podía entrar. De alguna manera, tenía tanto miedo que el trabajo le producía cierto placer al enfrentarse a la dirección de Dios y obedecer.

Este guerrero fue llevado a un lugar precioso donde escucharía un mensaje alentador, que lo hizo inclinarse en adoración y levantarse con gran fe. Ese mismo Dios es quien nos quitará aquellas cosas en las que depositamos nuestra confianza. Y lo mismo hizo con Gedeón. Dios, poco a poco, le dio estrategias claras y concisas para que fuera perdiendo el número de personas que estaban a su lado. Pero esos 300 hombres que Dios le dio, armados con trompetas, cántaros y antorchas, no tenían más que fe. Ellos no tenían armamento ni eran más grandes en número, como lo era el ejército enemigo. Sus fuerzas parecían dignas de lástima, y sus armas, inútiles para la batalla; sin embargo, los medios tradicionales para vencer no podían estar en la confianza humana de Gedeón. Definitivamente, la confianza estaba puesta en el Señor. Solo siguiendo las instrucciones de Dios, serían capaces de vencer a su oponente.
Todo estaba perfectamente sincronizado. Todo estaba listo para que Dios le diera la batalla ganada. Todas las condiciones humanas daban a Gedeón como un perdedor pero, al

obedecer cada orden divina, el Señor trabajaba entre bastidores, asegurando la victoria de su ejército.

¿Cuál fue la clave del éxito de esta batalla ganada?, la obediencia de Gedeón. El temor a la oscuridad, el pánico frente a la desolación y a la destrucción lo hicieron obedecer sin cuestionar.

Esta es una de las claves más poderosas para vivir una vida cristiana victoriosa: obedecer. No se trata solo de entender o saber mucho, sino de hacer lo que Dios ya te ha dicho. Como decía Oswald Chambers: "No nací para ser libre, sino para adorar a Dios y obedecerlo". Podemos tener grandes sueños o hacer grandes sacrificios; de todos modos, si no obedecemos a Dios, todo lo demás se pierde. Escuchar su Palabra sin vivirla no tiene sentido. La obediencia es lo que activa su plan en nuestra vida. Y, cuando Dios da una instrucción o una visión, la verdadera pregunta no es qué va a hacer Él... sino qué vamos a hacer nosotros.

John Newton decía que, si dos ángeles recibieran órdenes de Dios al mismo tiempo —uno para gobernar un gran imperio y el otro para barrer una calle humilde—, ambos lo harían con la misma alegría. Porque, para ellos, lo importante no es la tarea en sí, sino obedecer a Dios con gozo.

No importa si Dios te llama a servir en lo oculto, como es el caso de Lázaro, o a ser llevado en gloria, como es el caso de Elías: lo que realmente honra al Señor es tu obediencia. A veces queremos entenderlo todo, pero lo que Dios busca no es nuestra lógica, sino nuestro corazón dispuesto. Que hoy camines con paz sabiendo que el lugar más seguro es estar donde Dios te pidió que estuvieras.

REFLEXIÓN

La historia de Gedeón es un claro ejemplo de cómo la obediencia a las instrucciones de Dios lleva a la victoria. En el caso de Gedeón, seguir las órdenes de Dios parecía arriesgado e ilógico, pero fue justamente a través de su obediencia que vio cómo Dios hizo lo imposible. De la misma manera, nuestras victorias en la vida cristiana dependen de nuestra obediencia a Dios, aunque los caminos de Él muchas veces no sean los que entendemos o los que preferimos. Cuando seguimos a Dios y confiamos en sus instrucciones —incluso cuando parece que las probabilidades están en contra nuestra—, Él nos lleva a la victoria. La obediencia no es solo un mandato, sino una clave para vivir una vida bendecida y victoriosa. No se trata de nuestras capacidades, sino de rendirnos a la voluntad perfecta de Dios.

ORACIÓN

Señor, hoy te entrego mi voluntad y mis planes. Ayúdame a vivir en obediencia, sabiendo que tus caminos son mejores que los míos. Cuando enfrente dudas, dame la fe para confiar en ti y seguir tus instrucciones sin vacilar. Que mi vida sea una obediencia constante a tu voluntad. En el nombre de Jesús, amén.

17

CUANDO LLEVAS TODAS LAS DE PERDER

"Y mirándole Jehová, le dijo: 'Ve con esta tu fuerza, y salvarás a Israel de la mano de los madianitas. ¿No te envío yo?'".
— Jueces 6:14

MUCHAS VECES, FRENTE A DECISIONES QUE DEBEMOS TOMAR, NOS SENTIMOS QUE ESTAMOS EN UNA ENCRUCIJADA, O QUE TENEMOS TODAS LAS DE PERDER. SIN EMBARGO, ES EN ESOS MOMENTOS CUANDO DEBES HACER UN ALTO Y ESTAR ATENTO A SU DECISIÓN. CON ÉL DE TU LADO, SIEMPRE DECIDIRÁS LO MEJOR.

Para comprender mejor y en profundidad este tema, sigamos analizando y profundizando juntos la historia de Gedeón. Su historia es bastante especial; esta nos permite comprender que, sin importar cuán grandes o imposibles parezcan nuestros problemas, el Señor nos mostrará su increíble poder para liberarnos de la opresión de nuestros viejos pensamientos, de nuestros paradigmas y de todas las cadenas a las que el enemigo nos ha encadenado para debilitarnos, a fin de que perdamos el poder de Dios en nuestras vidas: su fuerza, su visión y su autoridad.

Gedeón había sido rechazado y separado de su hogar. Un joven que se había criado sin padre, de quien la gente no esperaba nada. Su pueblo y todo su entorno vivían bajo opresión. Solo podía trabajar para enriquecer a quienes lo mantenían esclavos. ¿Cómo ver en ese entorno la mano de Dios? ¿Te imaginas tú vivir en tal condición? Esta era una situación sumamente difícil, pero Gedeón estuvo dispuesto a creerle a Dios y a salir a luchar contra un ejército cuatro veces mayor que el suyo, cuatro veces más preparado y cuatro veces mucho mejor acondicionado, y con más equipo. Sin embargo, él confió en el Señor. Durante el proceso, aprendió una verdadera lección a través de la experiencia.

A veces Dios coloca en situaciones sin salida a las personas que Él utilizará, para que descubran que el Señor es fiel. Es posible que, humanamente, prefiramos recurrir a algún método ilegal para resolver ese problema pero, como el Señor conoce tu corazón y sabe que finalmente vas a elegirlo a Él, no tiene otra opción más que bendecirte.

Tal vez algunos buscan los recursos que necesitan mediante la lectura de un libro, pero Dios anhela que sus hijos experimentemos su poder. Tal vez, su solución nos parece irracional, pero confiemos en su plan, tal como lo hizo Gedeón.

¿Confías en Él? Gedeón lo hizo.

Su ejército se había reducido terriblemente; sin embargo, Dios le dice que le entregará en sus manos a los madianitas, cuyos ejércitos estaban tendidos en el valle, como una multitud de langostas. Así es el Señor. Sus caminos y sus órdenes casi nunca son lógicos, pero poseen una fuerza tan extraordinaria y un poder tan inconmensurable, que podemos confiar plenamente en alcanzar la victoria cuando Él está de nuestro lado.

Mira ahora tu vida: ese problema donde crees no tener recursos ni apoyo humano alguno. Precisamente ahí, en esa aparente carencia, es donde el Señor se glorificará y demostrará su señorío: cuando solo su mano obre con poder auténtico, cuando únicamente Él pueda moverse de manera sobrenatural en tu situación.

Gedeón se da cuenta de que, para que los israelitas puedan ganar, él debe seguir al pie de la letra las órdenes del Señor, porque es Él quien les da la provisión. Al cumplir con todas las órdenes de Dios, obtiene la victoria. Y, cuando gana, él reconoce con ahínco y con fuerza que la batalla ha sido ganada por el Señor.

¿Qué podemos aprender de este suceso? En medio de la batalla, del proceso, del dolor, debes ser capaz de reconocer la grandeza del Señor, alabarlo, adorarlo, exaltarlo, porque es el único merecedor de toda alabanza. Seguramente, así como lo estuvo Gedeón, tú también atravesaste batallas y te sentiste sin recursos, solo, pero recuerda que de todos los hoyos te sacó el Señor, y lo seguirá haciendo. Él te dará

definitivamente la victoria, porque en Él tienes asegurado el éxito de la batalla.

REFLEXIÓN

La historia de Gedeón nos enseña una lección poderosa sobre la fe en medio de la adversidad. Gedeón, quien se veía a sí mismo como el que valía menos de todos, fue llamado por Dios a liderar una batalla aparentemente imposible. Su ejército era pequeño; las fuerzas enemigas, abrumadoras; y sus recursos, limitados. Sin embargo, Dios le mostró que no se trata de cuán grandes o fuertes somos, sino de cuán grande y fuerte es el Dios al que servimos. Cuando parece que llevamos todas las de perder, es en esos momentos cuando Dios se glorifica más, mostrando su poder y su fidelidad. La victoria no depende de nuestras fuerzas, sino de confiar en el poder de Dios y seguir sus instrucciones, aunque a veces parezcan ilógicas o difíciles. Así, cuando estés en tu peor momento, recuerda que no estás solo. Dios está contigo, y Él pelea por ti.

ORACIÓN

Señor, te pido que, en mis momentos de debilidad, aumentes mi fe y mi confianza en tu poder. Ayúdame a ver más allá de las circunstancias y a recordar que Tú eres mi fuerza y mi victoria. Dame la valentía de seguirte, incluso cuando el camino parezca imposible. En el nombre de Jesús, amén.

18

LA CUERDA TRANSFORMADORA

*"Por fe, Rahab la ramera no pereció con los desobedientes,
habiendo recibido a los espías en paz".*
—Hebreos 11:31

¿ESTUVISTE ALGUNA VEZ FRENTE A UNA SITUACIÓN COMO RAHAB, DONDE TU DECISIÓN SERÁ DECISIVA PARA TU VIDA, PARA TU FAMILIA Y PARA TU FUTURO? ESTA MUJER SE JUGÓ POR DIOS, Y SU NOMBRE FORMA PARTE DE LA GENEALOGÍA DE NUESTRO SALVADOR. PORQUE, CUANDO RESPONDEMOS A SU VOZ, TODAS NUESTRAS ACCIONES SERÁN AVALADAS POR ÉL, E INCLUSO NUESTRA DESCENDENCIA SERÁ BENDECIDA POR ÉL.

Si hablamos de la genealogía de Jesús, tenemos que recordar con gran agrado y vivacidad la vida de una mujer maravillosa: Rahab. Con cada tenue movimiento del viento, la cuerda daba contra el borde de la ventana de la casa de esta mujer en Jericó. La cuerda, que colgaba del muro exterior sin tocar el suelo por unos escasos dos metros, se mecía suavemente de un lado a otro, haciendo un débil sonido, marcando los días y recordando que esa era la señal de salvación y seguridad para toda su familia. Los espías de Israel habían utilizado dicha cuerda para escapar de su casa.

Rahab había sido una prostituta, pero ahora había algo muy diferente en su corazón, que ya no estaba agobiado. Su semblante estaba relajado. La gente murmuraba cuando la veía pasar, pero ella ahora podía pensar en la cuerda y en lo que significaba esa señal de salvación para su casa. *Ella sabía que la cuerda escarlata estaba indicando un nuevo nacimiento.* Así fue cómo se desarrolló su vida a los pocos días de su encuentro con los dos espías de Israel, a quienes ella había ocultado de los hombres del rey, y luego los había puesto a salvo. El Libro de Josué cuenta la historia de esta mujer cananea de mala fama que ayudó a encubrir la labor de espionaje contra su propia ciudad e hizo un trato para lograr la seguridad de ella y de su familia. Cometió una gran traición contra su pueblo, pero todo lo que hizo fue por una sola razón: había llegado a saber quién era Dios realmente. *"Jehová vuestro Dios es Dios arriba en los cielos y abajo en la tierra"* (Josué 2:11), les dijo a los espías, como una declaración de fe que revela la razón por la cual Rahab se salvó de la destrucción de Jericó.

La cuerda escarlata, que liberó a los espías y era una señal de seguridad, tipifica la sangre roja de Jesús, por medio de la cual los peores pecados han sido perdonados y nos ha hecho salvos. Ciertamente, Dios la había escogido de entre su pueblo idólatra para que lo ayudara. Y su fe en este Dios obraría para que ella pudiera tener una vida incomparable al lado del Señor. Rahab y Sara (esposa de Abraham) son las únicas dos mujeres mencionadas en la famosa lista de los héroes de la fe en Hebreos 11. Santiago, el medio hermano del Señor, dice que Rahab, la ramera, no fue justificada por obras cuando recibió a los mensajeros y los envió por otro camino, sino que fue justificada por su fe viva, a pesar de ser una mujer pagana y prostituta. Sin embargo, eligió identificarse con el pueblo de Israel; tomó una decisión basada en su fe y, como resultado, fue declarada justa.

La casa de Rahab, una estructura ubicada sobre tablones encima de una superficie con altos muros sobrevivió milagrosamente mientras los muros se tambaleaban alrededor de ella. Con el tiempo, esta mujer llegaría a ser parte de la nación de Israel. De modo que, aparentemente, la pequeña decisión de colocar esta "cuerda transformadora" sería el cambio para toda una nación, de la que posteriormente vendría nuestro amado Mesías. A veces, las decisiones más simples son las más importantes. Y recuerda: *Nosotros debemos tomar las decisiones correctas, eligiendo siempre primeramente a Jesús.*

• ———— REFLEXIÓN ———— •

La historia de Rahab es un hermoso testimonio de cómo Dios puede transformar vidas. Una mujer con un pasado oscuro demostró gran fe al proteger a los espías de Israel, lo que no solo salvó su vida, sino también la de su familia. La cuerda escarlata que colgaba de su ventana simboliza la salvación que, a través de la sangre de Jesús, está disponible para todos, sin importar el pasado de cada uno. En ocasiones, las decisiones más simples, como la fe que depositamos en Cristo, pueden tener un impacto eterno. Rahab pasó de ser una mujer rechazada a ser una heroína de la fe, y su historia nos recuerda que, en Cristo, la transformación es posible.

ORACIÓN

Padre Celestial, gracias por mostrarnos tu poder transformador. Como Rahab, venimos ante ti con humildad, reconociendo que no hay vida que Tú no puedas redimir. Ayúdanos a tomar decisiones de fe, a confiar en tu plan y a vivir con el entendimiento de que en Cristo somos nuevas criaturas. Que nuestras vidas reflejen tu gracia y tu transformación. En el nombre de Jesús, amén.

19

EL PODER DE LA PERSEVERANCIA

"No nos cansemos, pues, de hacer bien;
porque a su tiempo segaremos,
si no desmayamos".

— Gálatas 6:9

LA VERDADERA PERSEVERANCIA NACE CUANDO
DEJAMOS DE DEPENDER DE NUESTRA FUERZA Y NOS
AFERRAMOS A LA SUYA, CUANDO DECIMOS COMO EL
APÓSTOL PABLO: "YA NO VIVO YO, SINO CRISTO EN MÍ".
CON SU FUERZA, SU AUTORIDAD, Y EN SU NOMBRE,
CONFÍA, PORQUE LLEGARÁS A LA META.

El apóstol Pablo había sido apedreado y dado por muerto. ¿Conoces esta historia? El sabor de la sangre, mezclada con el polvo y arena de la calle, saturaba los sentidos de Pablo. Esta vez había sido golpeado salvajemente, y parecía como si cada músculo de su cuerpo estuviera sujeto a una dolorosa contracción. Rápidamente intuyó que tenía la quijada rota. Las piedras que le habían lanzado los partidarios del judaísmo habían dado en el blanco. El apóstol se hallaba en serias dificultades. Bernabé y aquellos que lo rodeaban trataban de llevarlo a un lugar seguro, pero el espanto de sus rostros hablaba mucho más que lo que sus labios eran capaces de expresar. Es posible que lo haya tentado el pensamiento de rendirse pero, de haber sido así, fue solo algo momentáneo.

Aunque se encontraba en un estado interrumpido entre la consciencia y la inconsciencia, Pablo sabía que rendirse a esos pensamientos equivalía la derrota total. Pero no podía rendirse; mientras sus pulmones pudieran respirar, tenía que perseverar para terminar la carrera por el bien del Evangelio, por el tuyo y por el mío y, sobre todo, por la gloria de Cristo, su Salvador. Más tarde escribiría: *"De aquí en adelante, nadie me cause molestias porque yo traigo en mi cuerpo las marcas del Señor"* (Gálatas 6:17).

La perseverancia vale la pena. Pablo estaba seguro de su llamado. Después de haber sido apedreado, La Biblia nos dice que se levantó y entró en la ciudad; y, al día siguiente, salió con Bernabé para Derbe. Lo que no está plenamente enfatizado es que Pablo volvió a entrar a la ciudad de Listra, nada menos que al mismo lugar donde había sido apedreado. ¡Qué perseverancia la suya! Dios le había dado una tarea y no iba a rendirse.

Cuando enfrentamos problemas o dificultades, la sola voluntad humana rara vez es suficiente para evitar el desánimo; debe de haber algo más profundo dentro de nosotros que nos sostenga, nos aliente, más allá de cualquier pensamiento de temor o de fracaso. Para el cristiano, esta fuerza sustentadora es Jesucristo.

¿Sabías que una perspectiva dirigida por Dios nos mantiene enfocados en tiempos de aflicción?

Pablo no disfrutó la humillación pública. No obstante, consideró este hecho horrible, y otros semejantes, como una oportunidad para identificarse con Cristo. El apóstol sabía que, cuando Jesús se había enfrentado con el horror de la cruz, no se había rendido; y él tampoco podía hacerlo. El valor que les demos a nuestras metas determinará la fuerza con la que seremos perseverantes. Para alcanzar y mantener un sentido claro de persistencia, debemos mantenernos motivados. La motivación crea el ambiente adecuado que nos ayuda a lograr nuestras metas y también proporciona la esperanza que necesitamos para permanecer centrados, sin importar lo difícil que sea nuestra vida. Pablo estaba motivado por el recuerdo de su experiencia en el camino de Damasco, donde se encontró con el Salvador resucitado, que lo comisionó para el servicio del Reino.

Por eso, querido amigo, si has perdido las esperanzas, te animo a que recapacites y pienses en lo glorioso que hay por delante y en que la gloria del Señor se va a manifestar en tu vida.

REFLEXIÓN

La perseverancia es una virtud esencial para el cristiano. En momentos de prueba, cuando el desánimo y la fatiga se hacen sentir, es crucial recordar que nuestra fuerza proviene de Dios. La vida de Pablo es un claro ejemplo de perseverancia. A pesar de los sufrimientos, apedreado y encarcelado, él nunca abandonó su misión. Sabía que su llamado venía de Dios y que valía la pena seguir adelante.

La perseverancia nos enseña que no todo es inmediato. Los frutos del Espíritu, el crecimiento en Cristo y el impacto en la vida de otros requieren tiempo. No siempre vemos los resultados de inmediato, pero la fidelidad de Dios se demuestra en el proceso. La clave está en no rendirse, en mantenernos firmes en nuestra fe, recordando que "el que comenzó en nosotros la buena obra la perfeccionará hasta el día de Cristo Jesús" (Filipenses 1:6).

ORACIÓN

Señor, sé que Tú estás conmigo en cada momento de dificultad. Gracias por darme la perseverancia para seguir adelante, aun cuando todo parece difícil. Ayúdame a mantener mis ojos fijos en ti, sabiendo que en tu tiempo cosecharé lo que he sembrado. Fortalece mi fe para no rendirme y seguir confiando en tu promesa de que Tú estarás conmigo en cada paso. En el nombre de Jesús, amén.

20

AMA A DIOS Y A QUIEN TE RODEA

"Jesús le dijo: Amarás al Señor tu Dios con todo
tu corazón, y con toda tu alma, y con toda tu mente.
Este es el primero y grande mandamiento. Y el segundo
es semejante: Amarás a tu prójimo como a ti mismo".
— Mateo 22:37-39

CUANDO TOMAMOS DECISIONES, ¿LO HACEMOS MOTIVADOS POR EL AMOR O POR EL DESEO DE RECONOCIMIENTO PROPIO? SOLO EL AMOR DE DIOS NOS TRANSFORMA PARA VIVIR EN HUMILDAD, CELEBRANDO EL BIEN EN OTROS Y TOMANDO DECISIONES QUE GLORIFIQUEN SU NOMBRE.

Una de las frases que se ha vuelto popular es *"Ama a Dios y a tu prójimo"*. Los que leemos La Biblia capturamos solamente un significado equivocado de la palabra "amor". En español, la palabra "amor" es Dios; pero, si vemos las cartas de Pablo (escritas en griego), él utiliza distintos vocablos.

Los creyentes tenemos la promesa de que el amor de Dios estará en nosotros. Y, sin embargo, muchas veces pensamos que se refiere a un afecto fraternal por los demás (que es "philos" en griego). En realidad, el Espíritu Santo muestra el amor ágape en nosotros, que es un interés por la satisfacción, seguridad y progreso de otra persona.

Nosotros no tenemos esa misma capacidad de sentir un amor abnegado. Por eso es tan importante que, cuando hacemos discípulos, nos interesemos por su vida espiritual, su vida familiar, sus finanzas e, incluso, las cosas que pueden hacer. El Señor quiere que amemos a nuestro prójimo como a nosotros mismos. Jesús describió sutilmente el poder del amor abnegado en una parábola: la del hijo pródigo. El padre debió de haber advertido que el joven estaba siendo devorado por la ambición y por la pasión por viajar, y que, de no acceder a la petición de una herencia prematura, esto habría conducido al hijo al resentimiento. Por lo tanto, a pesar de su sacrificio personal y económico, esperó con paciencia a que aquel hijo pródigo aprendiera su lección. Las dificultades que vivió hicieron que el joven reconociera que había cometido errores contra su padre; muchas veces, las personas necesitan aprender con frecuencia las duras verdades por sí mismas. Entonces, lo más amoroso que podemos hacer es dejarlas solas.

El hijo pródigo volvió a casa sucio, arrepentido y en busca de un lugar entre los sirvientes; pero lo que recibió fue todo el amor de su padre y la restauración inmediata de todo lo que había perdido. Eso es un *ágape*: la clave del amor que conquista los corazones. Esta historia nos da un maravilloso ejemplo del amor de Dios que se preocupa por los seres humanos y goza cuando un hijo descarriado vuelve a casa. Por su parte, el hijo mayor había permitido que el resentimiento echara raíces como resultado de la partida de su hermano menor; evidentemente, estaba orgulloso de su exterior como el hijo bueno, al igual que los fariseos. A ese hermano lo devoraban la ira, la molestia de pensar que el otro regresaría algún día; entonces, en vez de regocijarse por el regreso del hijo pródigo, se quejó por la celebración.

¿A cuál hijo es mejor parecerse: al que se arrepintió de haber malgastado su herencia o al que servía al padre, pero por dentro lo carcomían el resentimiento y la duda?

La naturaleza humana desea a menudo mostrar el reconocimiento por hacer lo correcto, pero también se resiste cuando alguien es celebrado. Sin embargo, el creyente ha adoptado la naturaleza de Cristo y, por medio de su Espíritu, podemos amar a quienes más lo necesitan y regocijarnos con ellos en sus triunfos, dándole la gloria al Señor.

REFLEXIÓN

El mandamiento de amar a Dios y al prójimo es fundamental en la vida cristiana. El amor que Jesús nos llama a vivir no es, simplemente, un sentimiento pasajero, sino una acción deliberada, un sacrificio personal que busca el bienestar de los demás. El amor ágape, que solo el Espíritu Santo puede generar en nosotros, es un amor incondicional que no se basa en los méritos del otro, sino en la gracia de Dios.

En la parábola del hijo pródigo, Jesús nos muestra el poder del amor abnegado del padre que, a pesar de la falta de dignidad de su hijo, lo recibe con los brazos abiertos, restaurando su lugar en la familia. Este amor es el que debemos reflejar en nuestras relaciones, especialmente con aquellos que nos rodean. Jesús nos enseña que, al amar a nuestro prójimo como a nosotros mismos, estamos demostrando nuestra obediencia a Dios y nuestra transformación en su imagen.

ORACIÓN

Señor, te agradezco por el amor inmenso que nos has mostrado a través de tu Hijo, Jesucristo. Ayúdame a amar a los demás con ese mismo amor incondicional, sin esperar nada a cambio. Dame un corazón lleno de compasión y de misericordia, para poder amar como Tú me amas. Que tu Espíritu me guíe en todo momento a mostrar el amor verdadero a mi prójimo, sabiendo que, al hacerlo, te estoy amando a ti. En el nombre de Jesús, amén.

21

PERDONA A LA MANERA DE DIOS

"Entonces, llamándole su señor, le dijo: Siervo malvado, toda aquella deuda te perdoné, porque me rogaste. ¿No debías tú también tener misericordia de tu consiervo, como yo tuve misericordia de ti?".

—Mateo 18:32-33

CUANDO NO PERDONAMOS, QUEDAMOS ATADOS AL PASADO; EN CAMBIO, CUANDO SOMOS CAPACES DE PERDONAR, NOS LIBERAMOS A NOSOTROS MISMOS, Y AL OTRO, DE UN DOLOR QUE NOS MANTIENE PRISIONEROS. NECESITAMOS APRENDER A MOSTRAR COMPASIÓN Y A PERDONAR, ASÍ COMO DIOS NOS PERDONA CADA DÍA.

Dios espera ver en nosotros que quien recibe gracia dé gracia. En esta parábola de Mateo 18, un siervo, cuya deuda había sido perdonada (10.000 talentos), se negó a perdonar a un consiervo suyo que le debía 100 denarios. El Señor nos muestra aquí que nosotros le debemos a Él

10.000 talentos, mientras que a nosotros solo nos deben 100 denarios. Cuando le pedimos que tenga paciencia con nosotros, Él no solo nos deja ir en libertad, sino que perdona todas nuestras deudas. Nuestro hermano, que nos debe un máximo de 100 denarios, cuando nos pide que le tengamos paciencia hasta que nos pague todo, tiene nuestra misma esperanza y petición. ¿Cómo no tener paciencia con el consiervo de esta historia? Pero el primer siervo no quiso, sino que fue y lo echó en la cárcel hasta que le pagase la deuda.

Esta parábola expone cuán irracionales son aquellos que no perdonan. Y, si no perdonamos a nuestro hermano, somos ese siervo que se menciona en este pasaje. Cuando leemos esta historia, nos sentimos indignados por la actitud de este siervo. ¿Cómo es posible que, después de que su señor le había perdonado 10.000 talentos, no haya perdonado los 100 denarios que su consiervo le debía? Esta persona actuó conforme a su propia norma de justicia. El creyente debe utilizar la justicia para sí mismo, pero debe tratar a los demás conforme a la gracia. Puede ser que un hermano nos deba algo, y el Señor lo sabe; sin embargo, no perdonarlo es una clara evidencia de que no estamos actuando conforme a la gracia divina. Ante Dios, carecemos de gracia.

El versículo 31 de este mismo pasaje dice lo siguiente: *"Viendo sus consiervos lo que pasaba, se entristecieron mucho, y fueron y refirieron a su señor todo lo que había pasado"*. Entonces, el rey, enojado, lo llamó, le reprochó su actitud y lo entregó a los verdugos hasta que pagase toda la deuda. El

Señor espera que nosotros actuemos de la misma manera en que Él actúa con nosotros. Así como Él no nos exige nada según la justicia, y perdona nuestras deudas conforme a su misericordia, Él espera que nosotros hagamos lo mismo: que midamos con la misma medida con que el Señor nos mide. *Él nos concede gracia conforme a una medida buena, apretada, remecida y rebosante, y espera que hagamos lo mismo con los demás.*

A Dios le desagrada ver que una persona que fue perdonada se niegue a perdonar, o que una persona no sea misericordiosa cuando ha recibido misericordia. ¡Es inconcebible! Si recibimos gracia, no debemos rehusarnos a compartirla. Ser perdonado y, no obstante, negarse a perdonar a otros es lo más desagradable y displicente que puede existir. Dios no se complace en aquellos que se enfocan en las faltas de los demás, aun cuando ellos mismos no están exentos de ofensas. Necesitamos aprender a tener misericordia y entregar perdón si hemos experimentado la gracia y perdón de Dios. Debemos alzar nuestros ojos a Él y decirle: "Señor, así como Tú me perdonaste, estoy dispuesto a perdonar a aquel que me ha ofendido, que me ha humillado, que me ha tratado mal. Yo quiero ser como Tú. Tú me perdonaste, y he recibido tu perdón, así que no soy mejor que Tú para no perdonar".

El Señor, en su infinita misericordia, nos tiene misericordia y nos perdona; así que no hay nada que nos impida que podamos perdonar hoy.

REFLEXIÓN

La parábola del siervo que no perdonó a su consiervo después de haber recibido perdón del rey nos muestra el corazón de Dios hacia el perdón. Dios perdona nuestras enormes deudas con Él, nuestras fallas, nuestras transgresiones; de la misma manera, Él espera que extendamos ese perdón a otros. La deuda del otro ante nosotros, comparada con la gracia divina que hemos recibido, es pequeña. A veces, como el siervo de la parábola, dejamos que el resentimiento nos consuma, y no somos capaces de perdonar. Sin embargo, el perdón no es solo un mandato de Dios, sino una manifestación de su gracia en nuestras vidas. Cuando perdonamos, reflejamos el carácter de Cristo.

ORACIÓN

Señor, te agradezco el perdón inmenso que me has otorgado. Ayúdame a perdonar a aquellos que me han ofendido, a ser misericordioso, como Tú lo eres conmigo. Que tu amor y tu gracia transformen mi corazón y me capaciten para extender el perdón a todos los que me rodean. En el nombre de Jesús, amén.

22

OBTENIENDO LO MEJOR DE NUESTRO TRABAJO

"Y todo lo que hagáis, hacedlo de corazón, como
para el Señor y no para los hombres".
—Colosenses 3:23

EL TRABAJO NO ES SOLO UN MEDIO PARA GANAR
DINERO, SINO UNA PLATAFORMA PARA SERVIR A DIOS.
YA SEA QUE ESTEMOS EN UNA OFICINA, EN CASA O
EN CUALQUIER OTRO ÁMBITO, DIOS NOS LLAMA A
REALIZAR TODO CON EXCELENCIA, COMO
SI FUERA PARA ÉL.

¿Disfrutas de lo que haces a diario? Ya sea que tu día incluya conducir a la oficina o cuidar niños o realizar servicio voluntario, es importante que obtengas lo mejor de lo que haces. De lo contrario, te encontrarás atrapado en un ciclo de insatisfacción para combatir la negatividad relacionada con el ámbito laboral. Existe una actitud importante que debemos adoptar, y esta clave maravillosa la encontramos en

Colosenses 3:23: *"Todo lo que hagas, hazlo de corazón, como para el Señor y no para los hombres"*.

No importa qué trabajo se nos ha dado en esta vida. Dios espera que lo usemos para demostrar una actitud de servicio y de reverencia a Él. Si nuestro enfoque está en las influencias externas (tales como agradar al jefe o superar a nuestros colegas), la frustración, seguramente, se presentará. Es por eso que debemos poner en primer lugar a Dios trabajando para Él con nuestras mejores habilidades. En tiempos de descontento relacionado con el trabajo, debemos preguntarnos cada día: "¿Estoy trabajando de todo corazón y con diligencia para el Señor, o mi enfoque está siendo desviado a cualquier otro tipo de circunstancia?".

Hoy, en tu tiempo de oración, pídele al Señor que te muestre la forma de servirlo con tu trabajo. En otro pasaje bíblico (Colosenses 4:1), el Señor nos insta, ya sea que seamos supervisores, empleadores o administradores, a hacerlo, ciertamente, con una alegría muy grande. Con respecto a aquellas cosas que no están bajo nuestro control, Él puede ayudarnos a que, con rectitud y justicia, saquemos nuestras mejores virtudes y habilidades, y las pongamos al servicio de cualquier circunstancia que se presente. Y también, mientras compartimos con empleados, niños o clientes, a que utilicemos palabras amables, a que seamos motivadores y reflejemos paz, siendo personas que trabajan con una sonrisa.

Si el Espíritu Santo trae convicción a nuestro corazón, en lo referente a un comportamiento inadecuado o grosero, tomémonos nuestro tiempo para reflexionar. Es importante que pongamos en práctica este proverbio: *"La blanda respuesta quita la ira; mas la palabra áspera hace subir el furor"* (Proverbios 15:1) Seamos cuidadosos cuando se nos van de tono los comentarios que les hacemos a nuestros trabajadores, empleados, clientes o amigos. A veces, no solamente se pierde dinero en los negocios, sino que también se pierde la paz; con mucha frecuencia, se pierden muchos años de esfuerzo. Las grandes compañías son solidificadas por buenas relaciones basadas en la confianza, en la entrega, en la devolución; pero es importante que todos esos parámetros sean medidos a través de la Palabra. Dediquemos un tiempo para que el Señor nos siga animando con su Palabra y que, cuando la leamos, podamos tener mayor entendimiento para aplicarla cada día, en cada circunstancia, pues esta nos llena, nos fortalece y nos vivifica.

Pido al Señor que, en tu trabajo, te dé la paz, la serenidad, para que en ese lugar seas un gran testimonio de Él y puedas hacer que, en esa oscuridad, brille su luz para siempre.

REFLEXIÓN

La verdadera satisfacción no proviene de los elogios de los demás, sino del saber que estamos honrándolo con lo que hacemos. A menudo, el descontento en el trabajo surge cuando olvidamos que nuestro verdadero propósito es glorificar al Señor en todo. Si nos enfocamos en servirlo a Él, encontraremos gozo y plenitud, independientemente de las circunstancias.

ORACIÓN

Señor, te damos gracias porque en todo lo que hacemos podemos glorificarte. Ayúdanos a trabajar con un corazón dispuesto y lleno de alegría, sabiendo que nuestro esfuerzo es para ti. Danos sabiduría para ser ejemplo de integridad y de excelencia en todo lo que realizamos. Que nuestros trabajos reflejen tu amor y tu gracia. En el nombre de Jesús, amén.

23

SABIDURÍA FINANCIERA

*"Honra a Jehová con tus bienes, y con las primicias
de todos tus frutos; y serán llenos tus graneros
con abundancia, y tus lagares rebosarán de mosto".*

— Proverbios 3:9-10

¿ERES DE GASTAR TODO LO QUE VIENE A TUS MANOS?
¿O ERES DE LOS QUE AHORRAN COMPULSIVAMENTE SIN
PERMITIRSE DISFRUTAR DE LAS COSAS QUE DIOS DISPUSO
PARA NUESTRO BIEN? LA PALABRA DE PROVERBIOS NOS
LLEVA A PENSAR: ¿ESTÁS ADMINISTRANDO TUS RECURSOS
COMO UN ADMINISTRADOR FIEL O COMO UN SER
INDEPENDIENTE DE DIOS? TOMEMOS DECISIONES SABIAS,
RECONOCIENDO QUE TODO LO QUE TENEMOS PROVIENE
DE ÉL. ¡GRACIAS, SEÑOR!

Dios le confía a cada creyente una parte de sus recursos. El señor es el dueño del oro y de la plata y, como todo supervisor sabio, Él nos dejó directrices, a sus administradores, para que hagamos el mejor uso del dinero que, en primer lugar, le pertenece a Él.

La decisión más sabia de un creyente —en cuanto a la administración del dinero— es apartar regularmente una suma para la Iglesia. Cuando damos de nuestros ingresos, cuando promovemos la obra de Dios, Él es fiel en darnos mucho más de lo que imaginamos o de lo que necesitamos. Cuando damos el 10 % de todos nuestros ingresos, Él se encargará de proteger el otro 90 %, y no solo eso, sino que cubrirá todas nuestras necesidades. Dios prometió suplirnos en todo: *"Mi Dios, pues, suplirá todo lo que os falta conforme a sus riquezas en gloria en Cristo Jesús"* (Filipenses 4:19).

La manera que tenemos de proveernos de bienes esenciales (como alimento, ropa, vivienda transporte, educación) es comprarlas con lo que el Señor nos concede. Él nos dará abundantemente. Agrega: *"Porque al que tiene, le será dado, y tendrá más; y al que no tiene, aun lo que tiene le será quitado"* (Mateo 25:29) Dios es bueno y nos cubrirá para todas nuestras necesidades y nos proveerá, a fin de cumplir con los planes que tiene para nuestra vida y para nuestra familia.

En lugar de vivir a la deriva, pídele a Dios sabiduría financiera. Él podrá dirigirte para que inviertas en educación, en inversiones, en hacer nuevos negocios o en adquirir un producto específico para revender, que te deje ganancia para que puedas vivir. No obstante, primero invierte en el Reino antes de comenzar un negocio nuevo, antes de hacer una inversión modesta o gastar tu dinero, porque ese dinero no te pertenece a ti: es del Señor. Responder al llamado de Dios al bendecir a otros, al dar a los necesitados es una inversión en el Reino de Dios. Si bien no debemos fomentar la vagancia como un acto en sí mismo, alentemos la misericordia como la posibilidad de bendecir a otro. Dice la Palabra: *"A Jehová presta el que da al pobre, y el bien que ha hecho se le volverá a pagar"* (Proverbios 19:17).

Somos administradores, pero la pregunta a hacernos es la siguiente: "¿Cuál es la voluntad de Dios en cuanto al dinero?". ¿Será que el Señor desea que yo sea próspero? ¿Será que el Señor me quiere bendecir? Todas estas preguntas se responden con una sola respuesta: el Señor desea prosperar tu vida, así como prospera tu alma en la medida en que te vayas conociendo, en la medida en que te entregues más, en la medida en que Él sea todopoderoso en ti, en todas las áreas de tu vida.

Jesús también debe ser el Señor de tus finanzas. Cuando le cedes este señorío, Él asume la responsabilidad contigo y, como muestra de confianza, te encomendará mayores mayordomías en el ámbito económico. Pídele sabiduría para saber cómo gastar, cómo hacer presupuestos ... y dale también lugar a que lo sobrenatural de Dios te sorprenda.

Cuando tú ofrendas, esto protegerá la grandeza del diezmo. Aprendamos a trabajar con sabiduría para organizarnos eficazmente, dando a Dios, en primer lugar, lo que es suyo. Aun en tus finanzas pídele su guía para decidir económicamente a tu favor: Dios ama bendecirte y que seas prosperado en todo lo que haces.

REFLEXIÓN

Dios nos llama a ser buenos administradores de los recursos que Él nos ha dado. Todo lo que tenemos proviene de Él, y somos responsables de usarlo sabiamente. El principio del diezmo es una forma de reconocer que todo lo que tenemos le pertenece a Dios. Al apartar una parte de nuestros ingresos para su obra, estamos reconociendo su soberanía y agradeciéndole por su provisión.

La sabiduría financiera no solo se trata de ahorrar o de invertir, sino de tomar decisiones que honren a Dios. La administración responsable de los recursos implica priorizar nuestras necesidades, ser generosos con los demás, y buscar en todo momento la dirección divina para nuestras inversiones y para nuestras decisiones económicas.

ORACIÓN

Padre Celestial, ayúdame a ser un buen mayordomo de los recursos que me has confiado. Enséñame a honrarte con mis finanzas, a ser sabio en mis decisiones y a confiar en ti para todas mis necesidades. Guíame para que, en todo lo que haga, refleje tu amor y tu generosidad. En el nombre de Jesús, amén.

24

SER AGRADECIDO POR TODO

*"Dad gracias en todo, porque esta es la voluntad
de Dios para con vosotros en Cristo Jesús".*

— 1 Tesalonicenses 5:18

¿PUEDE HABER UN "GRACIAS" EN MEDIO DEL CAOS,
O SOLO CUANDO LAS COSAS SALEN COMO QUIERES?
PRACTICAR LA GRATITUD NOS PERMITE VER EL AMOR
DE DIOS, AUN EN LOS MOMENTOS DE DOLOR, Y NOS
AYUDA A ENFOCARNOS EN LO ETERNO, Y NO
EN LO TEMPORAL.

¿Eres una persona agradecida o siempre estás mirando lo que te falta? Tal vez no tengas todo lo que esperas o lo que en algún momento hayas soñado; sin embargo, siempre hay muchas razones para dar gracias, tanto en los momentos de dificultad como en los de bienestar. En todo tiempo debemos ser agradecidos y dependientes del Señor.

Todo lo que tenemos en la vida es un regalo suyo; no obstante, a la humanidad siempre le ha resultado difícil sujetarse a la perspectiva de Dios. Desde el comienzo, partiendo de Adán y Eva, en el Huerto de los Olivos, ellos anhelaron ser independientes de Dios, deseando el único fruto que les estaba prohibido, en lugar de ser agradecidos por todo lo que tenían a disposición. El hombre siempre insiste en vivir de acuerdo a su propia voluntad, sin comprender que su propio plan acarreará sufrimiento y dolor.

El sufrimiento capta nuestra atención, como lo hace una advertencia de tormenta severa. Nuestras circunstancias parecen decirnos no solo que las cosas se van a volver más difíciles, sino también que no tenemos el control. Y, aunque nos resulte difícil ver las pruebas de esta manera, Dios las permite porque nos ama, para que comprendamos que su misericordia se renueva todos los días y que Él es nuestro único recurso. Si somos capaces de ver las pruebas o las circunstancias adversas de esta manera, estas se convertirán en una oportunidad para volver al Señor.

Dios puede usar cualquier situación negativa y transformarla para nuestro bien. Esto es lo que permite ser agradecidos, aun cuando nos encontremos en diversas pruebas. Solo es posible tener un corazón agradecido cuando dejamos de lado nuestro orgullo, nuestro yo, y contrastamos nuestra pequeñez con la grandeza de Dios. Recién entonces estamos listos para comprender que Dios es más grande que lo que podemos imaginar o pensar; nos maravillamos de su Creación y de que haya abierto un camino por medio de su Hijo para liberarnos y, así, volver a conectarnos con Él cuando no damos cuenta de que, verdaderamente, nos alejamos de su presencia, sumergidos en el profundo abismo del pecado.

Esta gratitud nos ayudará a traspasar las situaciones más dolorosas. Dios intervendrá consolándonos y, asimismo, seremos de consuelo para otros que también sufren, para quienes están en medio de pruebas que parecen no terminar. El apóstol Pablo nos anima en la Palabra a no desmayar frente al tiempo de tribulación: *"Porque esta leve tribulación momentánea produce en nosotros un cada vez más excelente y eterno peso de gloria; no mirando nosotros las cosas que se ven, sino las que no se ven; pues las cosas que se ven son temporales, pero las que no se ven son eternas"* (2 Corintios 4:17-18). Él pudo escribir estas majestuosas palabras, a pesar de haber sufrido golpes, encarcelamientos, palizas, sufrimientos, persecuciones, naufragios, mordeduras de serpientes, y miles de cosas más... Sin embargo, con su palabra y con su ejemplo, nos insta y nos enseña a centrarnos en lo eterno, aun en las pruebas que perduran más de lo que podemos tolerar.

Nuestro paso por la Tierra es un instante si lo comparamos con la eternidad. Recordar que Cristo también sufrió puede ayudarnos a encontrar consuelo y a ser agradecidos por la manera en que Él está transformando nuestras vidas. Si te rindes a Él, podrás tener una mejor comprensión del sufrimiento al recordar todo lo que Cristo ha hecho para que tú tengas una vida feliz y plena. A veces, mientras atravesamos el tiempo de dolor, no podemos ver más allá, y nos resulta difícil encontrar los motivos por los cuales estar agradecidos. De todos modos, hagámoslo cultivando una disciplina de gratitud.

Entonces, ¿cómo logramos aprender a ser personas agradecidas en todo tiempo?

A continuación, quisiera compartirte tres puntos importantes para que puedas comenzar a poner en práctica:

- Da gracias por un abrazo, por la sonrisa de tus hijos.

- Anualmente, haz una lista de motivos por los cuales deberías estar agradecido durante los siguientes 12 meses. De esta manera, cada vez que comiences a sentir temor, dolor, frustración, escríbelo y recuerda que Dios te ama.

- Ten como guía el salmo 107:8-9, u otro versículo que pueda ayudarte a tener una vida de agradecimiento.

——— REFLEXIÓN ———

A menudo nos olvidamos de dar gracias a Dios en medio de las dificultades, pero la gratitud es una actitud poderosa que transforma nuestro corazón. Aunque enfrentemos pruebas, el Señor nos invita a darle gracias en todo, pues Él usa cada circunstancia para moldearnos y acercarnos más a su propósito. Las pruebas nos enseñan a depender de su gracia y nos recuerdan que todo lo que tenemos es un regalo de su bondad. Recordemos que, aunque las circunstancias sean difíciles, podemos dar gracias por la salvación, la paz que sobrepasa todo entendimiento y la presencia constante de Dios en nuestras vidas.

ORACIÓN

Señor, gracias por tu fidelidad y por tu amor incondicional. Te alabamos porque tu misericordia se renueva cada mañana en nuestras vidas. En medio de las pruebas, enséñanos a tener un corazón agradecido, a reconocer tus bendiciones, incluso en los momentos más oscuros. Te damos gracias por tu provisión, por la salvación que tenemos en Cristo y por la paz que nos brindas. Ayúdanos a vivir con un espíritu de gratitud, recordando siempre que en todo Tú estás con nosotros. En el nombre de Jesús, amén.

CONFESEMOS LA
PALABR A EN TODO
TIEMPO, SABIENDO
QUE EL SEÑOR ES FIEL,
Y CUMPLIRÁ LO QUE NOS
HA PROMETIDO.

25

EL PODER DE LA DECLARACIÓN

"... Porque de la abundancia del corazón habla la boca".

— Mateo 12:34

¿SOMOS CONSCIENTES DEL VERDADERO PODER
QUE TIENE DECLARAR DETERMINADAS PALABRAS
CON NUESTRA BOCA? LA MANERA COMO HABLAMOS
Y LO QUE HABLAMOS, TODAS LAS EXPRESIONES QUE
SALEN DE NUESTRA BOCA AFECTAN TANTO NUESTRA
VIDA ESPIRITUAL COMO NUESTRAS
RELACIONES PERSONALES.

Comencemos por definir la palabra "declarar"...

En una de las relaciones más importantes de nuestra vida —la que tenemos con nuestro Padre Celestial—, lo único que necesitamos es la Palabra del Señor y el poder que hay en las Escrituras. Allí descubrirás los pensamientos que Dios tiene acerca de ti. El Señor siempre tiene pensamientos de bien, y no de mal, para nosotros; Él ha deseado que nuestra vida esté llena de paz, y no de maldad, y que la confusión que encontraste allí afuera, en el mundo, se borre con toda la sabiduría que se encuentra en la Palabra.

La verdadera Palabra nos permite vivir una vida gloriosa, con un futuro planeado por el Señor y lleno de esperanza para vencer el mal en todo tiempo. Su Palabra nos otorga fortaleza y sabiduría para enfrentar el día a día. Por eso permite que el Espíritu Santo te llene de un poder sobrenatural para ver aquellas cosas que a simple vista no podemos ver. Con la autoridad de Dios, no hay nada que el enemigo pueda hacer con nosotros: no nos puede matar, no nos puede tocar... El enemigo no puede tocar la Palabra de Dios. Su poder nos permite llenar la Tierra con su gloria.

Su palabra dice: *"Clama a mí, y yo te responderé, y te enseñaré cosas grandes y ocultas que tú no conoces"* (Jeremías 33:3). De acuerdo con esta declaración, hoy podemos decirle al Señor: "Tú eres el rey el todopoderoso. Tu palabra encierra el poder para que yo pueda ver milagros y proezas tuyas en mi vida. Sé que veré tu gloria. Que mi casa sea una casa de paz y que todos clamemos para que tu presencia habite en aquella. Señor, quiero soltar palabras de alabanza con mi boca, encontrarte cada mañana, decirte que Tú eres el anhelo de mi alma, y que hay un sabor dulce cada vez que declaro tu Palabra, porque esta nunca vuelve vacía".

A lo largo de La Biblia, vemos cómo las palabras tienen el poder de construir o de destruir, de traer vida o muerte (Proverbios 18:21). Por eso debemos ser conscientes de que nuestras declaraciones deben ser conforme a la voluntad de Dios, ya que lo que hablamos puede abrir puertas para la bendición, o para dificultades innecesarias. Al declarar la Palabra de Dios, estamos alineando nuestra vida con su poder, permitiendo que su voluntad se haga realidad en nosotros. Cada palabra que sueltas con tu boca es una oportunidad para hacer declaraciones de fe, para proclamar la victoria de Dios sobre cualquier circunstancia y para permitir que su Palabra se convierta en nuestro refugio y en nuestra fortaleza.

Si comprendemos que la Palabra es un dulce manjar, entonces, nos será fácil hacer su voluntad. Ahora bien, si no logramos ver su magnificencia, su autoridad y su poder, jamás podremos declararla. En la Palabra, el Señor nos ha revelado muchas de las cosas que habría de acontecer —porque estas ya fueron hechas en Él, porque son "Sí" y "Amén"—; por eso, solo nos resta declararlas y hacer que estas, al soltarlas de nuestra boca, sean las bendiciones que Dios ya predestinó para todos nosotros. Hoy declara palabras de vida, de resurrección, de alabanza, de bendición, de gloria, y lo que estaba muerto vivirá. Confesemos la Palabra en todo tiempo, sabiendo que el Señor es fiel, y cumplirá lo que nos ha prometido.

REFLEXIÓN

La boca tiene un gran poder y, a menudo, no somos conscientes del impacto que nuestras palabras tienen sobre nuestras vidas. Lo que declaramos con nuestra boca refleja lo que hay en nuestro corazón y, si somos sabios en lo que hablamos, podremos alinear nuestras vidas con los planes y propósitos de Dios. Aprendamos a declarar lo que Dios dice sobre nosotros: bendiciones, paz, sanidad, victoria, y ello vendrá a nuestra vida.

ORACIÓN

Señor, hoy declaro que tu palabra es mi guía y mi fortaleza. Te pido que me ayudes a hablar conforme a tu voluntad, a declarar bendiciones sobre mi vida, mi familia y mi futuro. Que mis palabras sean reflejo de tu verdad y de tu poder. Gracias, porque tu palabra nunca vuelve vacía, y sé que en este nuevo año veré tu gloria manifestada en todo lo que haga. Amén.

26

EN INTIMIDAD CON ÉL

"Y esta es la voluntad del que me ha enviado:
que todo aquel que ve al Hijo, y cree en él, tenga vida
eterna; y yo le resucitaré en el día postrero".

—Juan 6:40

"RESPONDIENDO SIMÓN PEDRO, DIJO: 'TÚ ERES EL CRISTO, EL HIJO DEL DIOS VIVIENTE'. ENTONCES LE RESPONDIÓ JESÚS: 'BIENAVENTURADO ERES, SIMÓN, HIJO DE JONÁS, PORQUE NO TE LO REVELÓ CARNE NI SANGRE, SINO MI PADRE QUE ESTÁ EN LOS CIELOS'". SI HOY TE PREGUNTARAN QUIÉN ES JESÚS PARA TI, ¿QUÉ RESPONDERÍAS? ESA RESPUESTA NACE SOLO CUANDO LLEGAS A TOCAR SU CORAZÓN, AL AMAR LO QUE ÉL ES... EN ESOS MOMENTOS CALLADOS DONDE ÉL DEJA DE SER UN CONCEPTO Y SE VUELVE TU TODO.

Hay una pregunta que suelo hacerme a diario: "¿Conoces a Dios?". Aunque Dios nos anima a enfocarnos en dar en lugar de recibir, en lo que respecta a la vida después de la muerte, no hay nada que podamos hacer para establecer un vínculo entre la muerte espiritual, el resultado del pecado, y la vida con Dios, que tenemos cuando recibimos a Jesús y nacemos de nuevo. Necesitamos ser reconciliados con el Padre para recibir el regalo de la salvación por medio de su Hijo, quien murió en la cruz para que nosotros pudiéramos vivir una vida nueva.

Solo podemos vivir una nueva vida al confesar nuestra fe y reconociéndolo como nuestro verdadero Señor y Salvador. Cuando de corazón le decimos: "Señor Jesús, creo que Tú eres verdaderamente el Hijo de Dios; confieso que he pecado contra ti en pensamiento, palabra y obra. Te ruego que perdones todos mis pecados y que me permitas vivir una relación contigo. A partir de este momento te recibo como mi Señor y Salvador personal, aceptando la obra que realizaste en la Cruz. Gracias por salvarme. Ayúdame a tener una vida que sea agradable delante de ti".

Esta es una oración que te ayuda a comenzar a transitar el camino de la fe de la mano de Dios.

El salmo 81:8-9 nos exhorta a no desviarnos ni ir en pos de dioses ajenos: *"Oye, pueblo mío, y te amonestaré. Israel, si me oyeres, no habrá en ti dios ajeno, ni te inclinarás a dios extraño"*.

En otras oportunidades, La Biblia nos muestra cómo Dios redirecciona la historia de la vida de las personas cuando está yendo en una dirección equivocada o cuando, a través de una pregunta desafiante, podemos hacer que el otro reflexione...

Cristo tiene paciencia con nosotros. Por eso, cada vez que te sientas tentado de perder la paciencia con otro, recuerda cómo ha trabajado Dios en tu vida. La madurez es un proceso lento, y el Señor está dispuesto a conducirnos gradual y cuidadosamente en nuestro caminar. Él es justo, maravilloso, y ha tenido cuidado de ti todo el tiempo. Por ende, tenles paciencia a aquellos que son aún más pequeños y vulnerables en la fe.

El Señor es benigno con nosotros, como nos muestra Romanos 2:4: "*¿O menosprecias las riquezas de su benignidad, paciencia y longanimidad, ignorando que su benignidad te guía al arrepentimiento?*". Como personas que hemos experimentado la riqueza de la bondad de Dios, necesitamos dejar que el Espíritu Santo produzca en nosotros ese mismo fruto de gracia y favor hacia los demás. Bendigamos a todas las personas que conozcamos, incluso a quienes consideremos menos dignos de recibirlo. Porque, ¿quiénes somos nosotros para decidir quién recibe bendición de nuestro Padre celestial? Él nos colma de cosas maravillosas, mueve su mano a nuestro favor, nos favoreció con sus dones y nos bendice para que podamos bendecir a otros y ser, así, canales de bendición. De esta manera, si nos centramos solo en recibir del Señor, llegaremos a ser como un pozo estancado en vez de un río de agua viva que fluye y trae bendición a dondequiera que vaya. Cristo quiere que seamos un instrumento a través de los cuales Él pueda responder a las necesidades de sus hijos.

No temamos quedarnos sin provisión, porque Dios bendice siempre a los dadores, a los que dan generosamente.

Quienes desean conocer realmente a Dios deben aprender a ser dadores.

Quienes desean conocer realmente a Dios deben pedirle conocerlo más, más de su presencia, intimar más con Él... estar más tiempo con Él. Decirle: "Señor, quiero saber más de ti, quiero que me utilices cada día más, saber qué es lo que Tú deseas para mi vida. Anhelo estar a tus pies, amarte y oír tu voz". Cuando ores así cada día, comenzarás a profundizar tu tiempo de intimidad con el Señor, y entonces sí lo conocerás más. Y en su habitación, en su presencia, hallarás todo lo que necesitas: paz, gozo, restauración, sanidad, vida, y palabras de vida. Al haber compartido con Él, nunca más serás el mismo.

REFLEXIÓN

Conocer a Dios no solo es saber de Él, sino experimentar su presencia y su poder transformador en nuestra vida. A través de la fe en Jesucristo, tenemos acceso a la salvación y a una relación íntima con Dios. Esta relación no es solo para la eternidad, sino que empieza hoy, aquí, en la Tierra. Al aceptar a Cristo como nuestro Salvador, somos reconciliados con el Padre y comenzamos un proceso de transformación que nos lleva a ser más como Él. Cada día podemos conocerlo más profundamente a través de Su palabra, la oración, y el caminar diario con Él.

ORACIÓN

Señor, gracias por el regalo de la salvación. Hoy decido conocerte más y más. Quiero vivir en una relación profunda contigo, aprender de ti y seguirte todos los días de mi vida. Te doy gracias porque en Cristo tengo vida eterna, y en Él hallo la paz y el propósito para mi vida. En el nombre de Jesús, amén.

TIENES AUTORIDAD PARA
RECLAMAR Y PROCLAMAR LAS
BENDICIONES QUE EL SEÑOR
PREPARÓ PARA TI. ESTE ES EL
LADO POSITIVO DEL VALOR
QUE DEBES TENER. PÁRATE EN
LA BRECHA, ARREBÁTALE AL
ENEMIGO LO QUE TE PERTENECE,
TRAE EL CIELO A LA TIERRA, Y
AGRADECE POR LAS VICTORIAS
QUE ESTÁS ESPERANDO PORQUE,
CIERTAMENTE, LLEGARÁN.

27

EL PODER POSITIVO DEL VALOR

"Mira que te mando que te esfuerces y seas valiente;
no temas ni desmayes, porque Jehová tu Dios estará
contigo en dondequiera que vayas".
— Josué 1:9

¿TEMES TOMAR DECISIONES? ¿PREFIERES QUE OTROS LAS TOMEN POR TI? NO TEMAS, NO DESMAYES, TEN VALOR. DIOS ESTÁ DE TU LADO Y, SI ÉL ESTÁ CONTIGO, ERES MÁS QUE VENCEDOR. ALINEA TU CORAZÓN A SU ESPÍRITU, SIGUE SU PALABRA Y DECIDIRÁS BIEN.

Veamos juntos las decisiones que debió tomar Josué y cómo él eligió sabiamente escuchando las instrucciones de Dios. Su transcurrir fue una vida de mucho sacrificio y mucho esfuerzo. Luego de la muerte de Moisés —quien liberó de la esclavitud a los israelitas—, Josué tuvo un enorme trabajo que hacer; sobre él yacía ahora todo el peso del liderazgo. Después de haber andado errantes cuarenta años en el desierto, estaban a punto de entrar a la Tierra prometida. Sin embargo, el pueblo estaba temeroso de cómo sobrevivirían en una tierra nueva, sumado esto a la intimidación que les generaban los guerreros que allí vivían.

Pero, en medio de esa incertidumbre, Dios habló a Josué en uno de los discursos más poderosos de La Biblia. Tres veces, en el capítulo 1 del libro de Josué (versículos 1 al 9), lo instruyó con estas palabras clave: *"Sé fuerte y valiente"*. Estas cualidades no eran fáciles de mantener, especialmente en circunstancias tan abrumadoras como cuando estamos en posición de liderazgo y necesitamos conducir y guiar. ¿Te pasó estar en tu casa, en tu trabajo, en tu vida diaria y tener que tomar decisiones que marcarían el futuro de tu vida? Seguramente, sí. A diario tenemos que decidir. Así estaba Josué. ¿Puedes imaginarte esta escena? Él debía transmitirle al pueblo que solo hay una manera correcta de hacer las cosas, una única manera en que Dios respalda: haciendo su voluntad y siendo obedientes a Él.

Es por eso que te invito a pensar sobre estos tres puntos que quiero compartirte:

- Antes de decidir, primero medita y obedece la Palabra de Dios. Medita en esta de día y de noche ante cualquier circunstancia que debes resolver. Josué 1:8-9 dice: *"Medita día y noche el libro de esta ley teniéndolo siempre en tus labios; si obras en todo conforme a lo que se prescribe en él, prosperarás y tendrás éxito en todo cuanto emprendas. Te he mandado que seas fuerte y valiente. No tengas, pues, miedo ni te acobardes, porque el Señor tu Dios estará contigo dondequiera que vayas"*. Atesora esta palabra en tu corazón y tráela a la memoria cada vez que tengas que decidir. Debemos estar fuertes emocionalmente frente a cada decisión que tomemos, pero confiados en que Dios nos responderá con una palabra suya.

- Reclama las promesas. Las promesas que aún no han tenido cumplimiento se cumplirán. En Dios, sus promesas son "Sí" y "Amén". El Señor ha decretado cosas maravillosas para nuestra generación y para las diferentes generaciones por venir. En Josué 16, vemos el cumplimiento de la promesa hecha a su pueblo.

- Recuerda la fidelidad y victorias que Dios tuvo en el pasado en tu vida. Josué así lo hizo. Supo que, así como Dios había estado con Abraham, Moisés estaría con él. Él sería el poderoso gigante que abriría sus puertas que nadie podría cerrar. Así lo hará en tu vida.

Sé valiente; no temas ni desmayes. El Dios todopoderoso siempre estará a tu lado. Él nunca nos va a abandonar. Él ha creado espacios en los lugares celestiales, para que gobernemos juntamente con Cristo, para que seamos hijos llenos de su poder. Tenemos autoridad para reclamar y proclamar las bendiciones que el Señor preparó para nosotros. Este es el lado positivo del valor que debes tener. Párate en la brecha, arrebátale al enemigo lo que te pertenece, trae el Cielo a la Tierra, y agradece por las victorias que estás esperando porque, ciertamente, llegarán. Ese milagro está a punto de venir; esa necesidad está a punto de ser suplida; y Dios está acortando los tiempos para que puedas abrazar ese milagro y bendición que te pertenecen.

—— REFLEXIÓN ——

La valentía es un componente esencial en la vida cristiana. Cuando enfrentamos desafíos, la tendencia es temer a lo desconocido, las dificultades o las adversidades. Sin embargo, Dios nos llama a ser valientes, a confiar en su presencia permanente. Josué, al tomar el liderazgo después de Moisés, debió enfrentar gigantes, enemigos y desafíos, pero Dios le recordó que, con Él, no había nada que temer. De la misma manera, Dios te llama a ser valiente, a enfrentar las dificultades con la certeza de que Él está contigo, guiándote y dándote fuerzas.

ORACIÓN

Padre celestial, hoy elijo ser valiente en el nombre de Jesús. Gracias porque sé que Tú estarás conmigo en cada desafío que enfrente. Ayúdame a confiar plenamente en tu poder y en tu presencia. Dame el valor para seguir adelante, sin miedo, sabiendo que Tú estás a mi lado. En el nombre de Jesús, amén.

28

ENFRENTA LOS DESAFÍOS CON FE

"Solamente esfuérzate y sé muy valiente, para cuidar de hacer conforme a toda la ley que mi siervo Moisés te mandó; no te apartes de ella ni a diestra ni a siniestra, para que seas prosperado en todas las cosas que emprendas".

— Josué 1:7

¿PIENSAS QUE LOS DESAFÍOS QUE TIENES POR DELANTE SON MÁS GRANDES QUE LOS QUE TUS FUERZAS PUEDEN SOSTENER? ¿QUÉ JORDÁN ESTÁS ATRAVESANDO HOY? DIOS DIJO: "AVANZAD, PORQUE MAÑANA HARÉ MARAVILLAS ENTRE VOSOTROS" (JOSUÉ 3:5). ESTA MISMA PALABRA ES PARA TI; NO DUDES, Y AVANZA.

¿Estás atravesando tiempos de desafíos y no sabes cómo atravesarlos? Dios tiene preparadas todas las bendiciones que necesitas para que pases tu Jordán, para que concretes esa meta grande que tiene para ti durante todo el proceso hasta que llegues a la tierra de tu bendición. Solo necesitas avanzar.

Después de la muerte de Moisés, Dios le dio a Josué la difícil tarea de introducir a los israelitas a la Tierra Prometida, pero también le dio instrucciones precisas sobre cómo lograrlo. Con cada orden que el Señor le daba, también le declaraba una promesa, y la victoria. La tarea de Josué era mantenerse enfocado en Dios, no en la dificultad del reto ni en las circunstancias que lo rodeaban. Su atención debía estar puesta en lo que Dios había predestinado para el pueblo de Israel.

"Pasa ese Jordán" fue la primera consigna que Dios le dio a Josué. Ya le había entregado la tierra; la guerra ya estaba ganada desde la perspectiva divina. Todo había sido concedido espiritualmente antes de que Josué diera su primer paso.

Por eso, da el primer paso y avanza. Luego, da el segundo paso: haz lo que dice su Palabra: *"Esfuérzate y sé valiente"* (Josué 1:9). No estás solo: Él va delante de ti como "gigante poderoso". Ninguna tarea es irrealizable cuando Dios está a nuestro lado porque Él es quien va a pelear por nosotros. Él va delante derrumbando toda muralla, allanando las montañas.

Luego, da el tercer paso: obedece a su Palabra; entonces, serás prosperado en todo lo que emprendas, como le dijo Dios a Josué, y así sucederá también contigo. El Señor mide el éxito en términos de obediencia. Si obedecemos sus instrucciones y somos hacedores de su Palabra y no simplemente oidores, y la ponemos por obra, en todo lo que hagamos nos irá bien. En cuarto lugar, medita en las Sagradas Escrituras: estas te harán prosperar en tu camino y te mantendrán en la senda correcta, y allí todo lo que hagas crecerá. La verdadera prosperidad comienza cuando tu mente se alinea con Dios. Medita día y noche en su Palabra. (Josué 1:8). Esto no es solo leer, sino adoptar un *estilo de vida* donde cada decisión refleje sus principios. Así caminarás en lo correcto, lo bueno y lo que Él mandó. Y lo más importante: no temas. El Señor dice en su promesa: *"Yo estaré contigo dondequiera que vayas"*. Si Él está contigo, ningún desafío es irrealizable.

Nuestra confianza en el Señor nos permite andar audazmente por fe en medio de cualquier circunstancia humana, en medio de cualquier debilidad, en medio de cualquier dificultad. Cuando Dios ponga un reto delante de ti, no emprendas la retirada ni trates de evitarlo. Las mismas órdenes y promesas que Josué recibió tú también las recibirás, si mantienes tu mirada centrada en Dios. Obedece sus instrucciones, y Dios te llevará a tener una relación más profunda, con más sabiduría, con más entendimiento... Dios te llevará a cruzar nuevos horizontes donde jamás habías planeado hacerlo.

Los planes del Señor son perfectos y solo se enfrentan con fe. Los desafíos enfrentan nuevos retos, diseñados por el Señor específicamente para ti. Declara: "El Señor me va a entregar esa nueva casa que estoy esperando", "Esa decisión que estoy esperando se va a resolver". El Señor va a resolver tu caso. Él va delante de ti abriendo puertas. Medita en las Sagradas Escrituras de día y de noche; no temas porque Él está contigo.

REFLEXIÓN

Los desafíos son inevitables en la vida, pero la manera en que los enfrentamos marca la diferencia. Josué fue llamado a tomar las riendas de un pueblo que enfrentaba grandes obstáculos, y Dios le dio una promesa: Él estaría con él. Esta promesa también es para nosotros. No importa cuán grandes sean las dificultades: si confiamos en Dios, Él estará a nuestro lado para guiarnos y darnos la victoria.

Mantener la fe en medio de los desafíos requiere valentía y determinación. Debemos recordar que la batalla no es nuestra, sino de Dios, y que Él ya ha ganado la victoria. Si mantenemos nuestros ojos en Él y seguimos su dirección, superaremos cualquier obstáculo.

ORACIÓN

Señor, te doy gracias porque Tú estás conmigo en cada desafío que enfrento. Ayúdame a mantener mi fe firme en ti, a no temer ni desmayar. Dame valentía para avanzar con confianza, sabiendo que Tú vas delante de mí. En el nombre de Jesús, amén.

29

EL VALOR DE UN CORAZÓN PIADOSO

"Desecha las fábulas profanas y de viejas.
Ejercítate para la piedad; porque el ejercicio corporal
para poco es provechoso, pero la piedad para
todo aprovecha, pues tiene promesa de esta vida
presente y de la venidera".

— 1 Timoteo 4:7-8

UN CORAZÓN PIADOSO INFLUYE EN CADA DECISIÓN
QUE TOMAMOS A DIARIO. CADA DÍA, ELIGE SOMETER
TUS DECISIONES, AUN LAS MÁS DIFÍCILES, DE ACUERDO
AL CORAZÓN DE DIOS, Y VERÁS QUE TODO LO QUE
DECIDAS TENDRÁ SU RECOMPENSA DIVINA.

La palabra "piedad" suele malinterpretarse. Algunos la asocian con una conducta religiosa rígida o con un aire de superioridad espiritual. No obstante, bíblicamente, la piedad es una actitud interna de reverencia profunda hacia Dios, que se manifiesta en una vida de obediencia, amor y humildad. Un corazón piadoso es aquel que vive consciente de la presencia de Dios. No solo en la iglesia, sino en el hogar, en el trabajo, en el tráfico, en la conversación más difícil o en la hora más oscura. Es una vida rendida a su voluntad, dispuesta a amar al prójimo, a decir la verdad, a servir sin esperar reconocimiento, y a perdonar, aunque duela.

¿Qué nos hace ser una persona piadosa?

- *Una relación íntima con Dios:* No es posible ser piadoso sin estar conectado con el corazón de Dios. La piedad nace del tiempo a solas con Él, de escuchar su voz en la Palabra y obedecerla en lo práctico.

- *Una conciencia limpia:* La piedad implica vivir con integridad. Significa cuidar lo que nadie ve: nuestros pensamientos, nuestras intenciones y nuestras palabras cuando nadie nos escucha.

- *Un amor visible:* Ser piadoso no es aislarse del mundo. Al contrario: es llevar el corazón de Dios al mundo, a través de actos de compasión, misericordia, justicia y verdad.

- *Una vida disciplinada:* Pablo dice: "Ejercítate para la piedad". Así como el cuerpo necesita ejercicio, nuestro carácter también necesita ser entrenado. No nacemos con un corazón piadoso: lo cultivamos con decisiones diarias.

¿Cómo podemos tener un corazón piadoso?
Pasando tiempo con Dios diariamente; no hay atajo. La piedad comienza en la intimidad. Un corazón piadoso es el resultado de estar cara a cara con Dios en lo secreto. Significa ser fiel a su voz, aunque no sea fácil. A veces la piedad se expresa en decir que no a lo que todos aplauden. Es callar cuando quieres hablar. Es hablar cuando quieres huir. Es elegir a Dios sobre ti.

Un corazón piadoso no se endurece: se deja corregir, se arrepiente rápido. Ama la verdad, aunque duela y, sobre todo, es sensible al Espíritu Santo.

Ahora, quiero preguntarte a ti: ¿lo que ves, escuchas y hablas refleja a Cristo? Tus hábitos, ¿te edifican o te enfrían espiritualmente? Vive para agradar a Dios, y no a los hombres: Cuando el temor de Dios gobierna tu vida, el temor al qué dirán pierde fuerza. *La piedad te otorga libertad.*

━━━━ REFLEXIÓN ━━━━

Tener un corazón piadoso no es un asunto de apariencia, ni se logra, simplemente, con actos externos de religiosidad. Un corazón piadoso nace de una conexión íntima, sincera y diaria con Dios. Es un corazón moldeado por su Palabra, enseñado por su Espíritu y movido por la compasión, la humildad y la obediencia.

La piedad no es debilidad ni pasividad: es una fuerza interior que proviene de conocer a Dios y reflejar su carácter en medio de un mundo que promueve el egoísmo, la dureza y la indiferencia.

Un corazón piadoso elige callar antes que herir, servir antes que destacar, y perdonar antes que guardar rencor. No busca su gloria, sino la de Dios. No ama solo cuando es fácil, sino especialmente cuando es difícil.

¿Quieres saber si estás cultivando un corazón piadoso? Pregúntate: ¿qué ocupa tus pensamientos? ¿Qué te impulsa a actuar? ¿Cómo respondes cuando nadie te aplaude? Un corazón piadoso no es perfecto, pero sí arrepentido. No es orgulloso, pero sí firme en la verdad. No es rígido, pero sí constante en el amor.

La piedad nace en lo secreto y se revela en lo cotidiano: en cómo hablas a tu familia, cómo tratas a los que te hieren, cómo oras por quienes no lo merecen y cómo obedeces incluso cuando no lo entiendes todo. Y lo más hermoso es que un corazón así, humilde y rendido, es aquel que Dios honra. Él promete que los de limpio y piadoso corazón verán su gloria, sentirán su paz y caminarán en su propósito.

ORACIÓN

Señor, hoy me acerco a ti con un corazón abierto y sediento. Enséñame a tener un corazón piadoso, un corazón que ame como Tú, que piense como Tú y que actúe como Tú. Límpiame de todo orgullo, juicio o indiferencia. Que mis pensamientos sean puros, mis palabras llenas de gracia, y mis acciones reflejen tu amor. Espíritu Santo, trabaja en las áreas donde aún reacciono desde la carne. Hazme sensible a tu voz, humilde para aprender, y firme para obedecer. Quiero reflejarte en lo cotidiano, amar en lo secreto y servir sin esperar nada a cambio. Hoy declaro que, en ti, puedo ser transformado. Gracias por no rendirte conmigo. En el nombre de Jesús, amén.

PAR A LOS HIJOS DE DIOS,
ÉXITO ES SER LA PERSONA QUE
ÉL TE HA LLAMADO A SER, Y
ALCANZAR LAS METAS QUE
DIOS MISMO ESTABLECIÓ EN
SU PALABR A, PERMITIENDO
QUE SEA ÉL QUIEN DIRIJA EL
BARCO DE TU VIDA.

30

EL ÉXITO DESDE LA
PERSPECTIVA DIVINA

"Mas buscad primeramente el reino de Dios
y su justicia, y todas estas cosas os serán añadidas".
— Mateo 6:33

HOY TIENES MUCHAS HERRAMIENTAS Y RECURSOS
QUE DIOS HA PUESTO A TU DISPOSICIÓN PARA
DECIDIR DE ACUERDO CON SU VOLUNTAD Y CON
SU PROPÓSITO ETERNO. POR ESO, FINALMENTE,
TEN EN CUENTA, AL DECIDIR, QUE SER EXITOSO
PARA EL MUNDO NO ES LO MISMO QUE SERLO PARA
DIOS. ENTONCES, CUANDO DECIDAS, TE INVITO
A REFLEXIONAR: ¿A QUIÉN AGRADARÁS CON TUS
DECISIONES? CUANDO DECIDES EN INTIMIDAD CON
DIOS, SIEMPRE SERÁS EXITOSO. RECUERDA: DIOS
NO ES DEUDOR DE NADIE Y, CUANDO ÉL TE EXALTA,
NADIE PODRÁ QUITARTE DE ESE LUGAR.

Vivimos en un mundo obsesionado y preocupado en demasía por el éxito. La televisión, internet, la radio, las revistas y las redes sociales nos presentan una cosmovisión donde los "ganadores" son aquellos que han logrado ciertos logros materiales, fama o poder. Pero ¿qué significa tener éxito en la vida? Y más importante aún: ¿cómo define Dios el éxito? El mundo celebra a las personas exitosas sin importar ni considerar qué métodos usaron para conseguirlo. Sin embargo, como seguidores del Señor, no solo tenemos permitido luchar por alcanzarlo (Dios está interesado en nuestros triunfos); no obstante, como seres pecadores que somos, a menudo tenemos cierta confusión en cuanto a este tema. Por ende, nos urge aclarar qué significa para nosotros ser exitosos.

La mayoría del mundo, simplemente, define esta palabra como la capacidad que tiene una persona de lograr sus propios objetivos personales. Por ejemplo, una persona que entrena gimnasia olímpica se considera exitosa si gana muchas competencias, o una estudiante se considerará verdaderamente exitosa si alcanza las mejores calificaciones de su clase. Por eso no es fácil brindarte una definición absoluta de lo que es el éxito, ya que para ti puede significar algo distinto de lo que significa para mí, ya que este depende a menudo de nuestras metas individuales. Sin embargo, me gustaría hacerte una pregunta:

¿Quées lo queharía que Dioste viera comouna persona exitosa? Seguramente, la respuesta de éxito para el mundo es muy distinta a la que Dios tiene. La perspectiva del mundo fluctúa entre los ideales individuales y los colectivos. Pero, para los hombres y mujeres de fe, el éxito es ser la persona que Él te ha llamado a ser, y alcanzar las metas que Dios mismo

estableció en su Palabra, permitiendo que sea Él quien dirija el barco de tu vida.

En primer lugar, el éxito depende de lo que Dios quiere que seamos.
En segundo lugar, dependerá de cumplir con lo que Él nos encomendó hacer.

Dios debe ser nuestra prioridad, y nuestro objetivo es comprender que Él ha diseñado un plan perfecto, exquisito y maravilloso para cada uno de nosotros. Finalmente, nuestras victorias le pertenecen a Él, y Él merece todo el reconocimiento por lo que logramos.

El mundo medirá tu éxito por tu fama o por tu fortuna, pero para Dios no serás una persona exitosa si lo dejas fuera de tu vida. Solo cuando tienes una vida de acuerdo a los principios bíblicos, buscando el Reino de Dios y su justicia, el resto de lo que emprendas te será añadido y todo lo que hagas te saldrá bien.

Para el mundo, José estaba condenado al fracaso (Génesis 37), pero Dios lo había destinado para el éxito, y para darle de su gloria. José fue un soñador; sorteó uno y cientos de obstáculos, pero nunca se apartó de la voluntad de Dios. Y ese perdedor —para el mundo— se convirtió en el segundo del Reino. Porque Dios será quien nos proveerá para nuestro éxito cuando nos mantenemos fieles a su llamado, en obediencia. Él nos dará provisión de paz, de bendición, de salud, porque nuestro gran Dios se ha comprometido a darnos éxito, paz y vida en abundancia, desde el momento en que nos llamó a vivir en su gracia y a cumplir su propósito en nosotros: que su Hijo crezca en nuestras vidas.

REFLEXIÓN

El mundo mide el éxito en términos de logros personales, riquezas o reconocimiento. Sin embargo, para Dios, es vivir conforme a su voluntad, buscando su reino y su justicia por encima de todo. Se trata de un éxito que no está basado en lo temporal, sino en lo eterno. Cuando ponemos a Dios en primer lugar, Él nos guía hacia el éxito verdadero, el cual incluye paz, propósito y satisfacción.

ORACIÓN

Señor, ayúdame a alinear mis metas con tus planes para mi vida. No busco el éxito según el mundo, sino aquel que proviene de vivir en obediencia a ti. Enséñame a buscar tu reino y tu justicia. Confío en que Tú proveerás todo lo que necesito. En el nombre de Jesús, amén.

CONTACTO CON
LA AUTORA

Si quieres escribirme y contarme tu testimonio o comunicarte conmigo, puedes hacerlo a través de estos medios:

www.tinafloyd.com
IG: drtinafloyd
IG Iglesia: dcnchurchmiami
Facebook: Tina Floyd Fernandez
E-mail: hablacon@tinafloyd.com

Tina Floyd,
Ph.D., M.Th., M.Sc., B.A. Psy., M.A. in Human Sexuality, A.A. in Child Development
Doctor in Counseling | Master of Theology | Master in Neuroscience
Bachelor in Psychology | Master in Human Sexuality | Associate in Child Development

www.ingramcontent.com/pod-product-compliance
Lightning Source LLC
Chambersburg PA
CBHW071349090426
42738CB00012B/3066